石漠化地区绿色发展之路

凤山县国家生态农业公园规划实践

龚本海 李宁 陆小钢 主编

广西师范大学出版社
·桂林·

图书在版编目(CIP)数据

石漠化地区绿色发展之路：凤山县国家生态农业公园规划实践 / 龚本海，李宁，陆小钢主编 . —桂林：广西师范大学出版社，2019.9

ISBN 978-7-5495-9904-2

Ⅰ . ①石… Ⅱ . ①龚… ②李… ③陆… Ⅲ . ①农村 - 旅游业发展 - 研究 - 凤山县 Ⅳ . ① F592.767.4

中国版本图书馆 CIP 数据核字 (2017) 第 150356 号

出 品 人：刘广汉
策划编辑：杨一虹
责任编辑：肖　莉
助理编辑：季　慧
装帧设计：马韵蕾
广西师范大学出版社出版发行
(广西桂林市五里店路 9 号　　邮政编码：541004
网址：http://www.bbtpress.com)
出版人：张艺兵
全国新华书店经销
销售热线：021-65200318　021-31260822-898
广州市番禺艺彩印刷联合有限公司印刷
（广州市番禺区石基镇小龙村　邮政编码：511400）
开本：889mm × 1194mm　1/16
印张：10　字数：250 千字
2019 年 9 月第 1 版　2019 年 9 月第 1 次印刷
定价：168.00 元

编委会

序

FOREWORD

自 2008 年国家启动实施岩溶地区石漠化综合治理工程以来，已有 10 个年头。在这 10 年间，岩溶地区的石漠化综合治理取得了不菲的成绩，特别是在减少石漠化面积、减轻石漠化程度、改善区域生态状况、减少水土流失的过程中发挥了积极的作用。

石漠化综合治理是一个不断摸索、发展和成熟的历程，为实现中国共产党第十九次全国代表大会提出的国土绿化行动的任务夯实基础。

回顾石漠化的形成原因、演变历程、发展趋势，可以看出石漠化有其自身的特点，对其综合治理是一项复杂的系统工程，是一项长期、艰巨的任务，它不应仅仅是恢复林草植被，还应是全面提升自然生态系统稳定性和生态服务功能、促进区域人与自然和谐发展等。为此，党中央、国务院对此高度关注，将石漠化综合治理列为国务院批准实施的重点生态建设工程。滇黔桂地区岩溶面积分布广、石漠化问题严重，在石漠化综合治理的过程中，各地政府进行了大量的探索，开展了诸多实践，逐步走出了石漠化地区经济社会发展与生态建设良性互动的新路子。

在 2016 年 3 月 21 日国家发展改革委会同国家林业和草原局、农业农村部、水利部联合编制的《岩溶地区石漠化综合治理工程“十三五”建设规划》中，明确提出开展石漠化治理要以绿色发展为基本理念，坚持保护优先、自然修复为主，在巩固一期工程建设成果基础上，集中治理范围，突出建设重点。力争到 2020 年，治理岩溶土地面积不少于 5 万平方千米，治理石漠化面积不少于 2 万平方千米，基本遏制石漠化土地扩展态势，岩溶生态系统逐步趋于稳定。由此可见，接下来石漠化综合治理任务依然艰巨，如何开拓思路、创新方法，破解石漠化综合治理过程中存在的各种难题，是进一步推进新一轮石漠化治理的关键。

广西壮族自治区是岩溶地貌发育最典型的地区，也是我国石漠化最严重的地区之一，石漠化分布涉及7个市29个县，主要集中在百色、河池等地。凤山县作为广西石漠化灾害比较严重的县之一，有着6万公顷石漠化土地和1.5万公顷潜在石漠化土地。石漠化程度严重制约着凤山的经济发展，其发展趋势不容忽视。2016年，凤山县县委、县政府大胆提出建设全国第一个县域范围的“国家生态农业公园”，打造生产、生态、生活“三生融合”，农业、生态、旅游三者复合的最美县域公园经济，建设如诗如画的田园、生态保育的林园、融合发展的产园、幸福安康的家园、全域美景的公园，力求走出一条石漠化综合治理的绿色发展之路，完成石漠化治理目标，同时促进经济建设、社会建设、文化建设和生态文明建设同步发展，把握和践行“青山绿水就是金山银山”的使命。经过两年的实施，我们总结了一些可供借鉴的经验，希望能为广大参与石漠化综合治理的设计者、实施者和管理者提供一些参考。

本书在编纂过程中，由于视野的局限，难免有疏漏和偏颇之处，恳请广大读者指正。

编　者

2019年5月

目 录

CONTENTS

上篇 思考与回顾——滇黔桂石漠化地区的生态治理研究

1．石漠化概述 ---------- 02

1.1 石漠化定义 ---------- 02

1.2 滇黔桂石漠化地区概况 ---------- 03

1.3 滇黔桂石漠化特点及危害 ---------- 04

1.4 滇黔桂石漠化治理的意义 ---------- 06

2．滇黔桂石漠化地区生态治理研究 ---------- 08

2.1 滇黔桂石漠化治理历程 ---------- 08

2.2 滇黔桂石漠化治理成效 ---------- 09

2.3 滇黔桂石漠化治理经验 ---------- 11

2.4 滇黔桂石漠化治理模式 ---------- 12

3. 新时期石漠化治理的机遇与挑战 ---------- 15

3.1 新时期石漠化治理的机遇 ---------- 15

3.2 新时期石漠化治理的挑战 ---------- 18

中篇 策略与方向——新时期的广西石漠化绿色发展之路探索

4．绿色发展之路的背景 22

4.1 新时期绿色发展新理念与建设举措 22

4.2 新常态下生态农业功能延伸的新要求 23

4.3 践行生态文明建设美丽中国的新期盼 23

4.4 实现乡村振兴的重要途径 24

4.5 全域旅游的全面兴起 24

5．绿色发展之路的策略与方向 26

5.1 策略一：大公园 26

5.2 策略二：大生态 29

5.3 策略三：大农业 34

5.4 新方向：国家生态农业公园 40

下篇 规划与实践——凤山县国家生态农业公园规划实践

6. 绿色之梦 46

6.1 创新发展思路 47

6.2 树立发展目标 49

6.3 明晰发展定位 52

7. 生态格局 ---------- 53

7.1 空间划分方法 ---------- 53

7.2 组织空间结构 ---------- 54

7.3 规划功能分区 ---------- 54

8. 体系构建 ---------- 80

8.1 风景游赏体系构建 ---------- 80

8.2 生态农业体系构建 ---------- 86

8.3 生态文明体系构建 ---------- 101

8.4 旅游交通体系构建 ---------- 114

8.5 农业设施体系构建 ---------- 120

8.6 城乡发展体系构建 ---------- 126

9. 实施保障 ---------- 133

9.1 制订行动计划 ---------- 133

9.2 强化体制保障 ---------- 135

9.3 实施效果 ---------- 142

结语 ---------- 150

致谢 ---------- 151

上篇 思考与回顾

——滇黔桂石漠化地区的生态治理研究

石漠化作为世界性的自然灾害之一，对社会、经济、环境的影响巨大，已引起国内外学者的广泛关注。对滇黔桂石漠化进行生态治理研究，需要对其概念、范围、特点进行充分的了解。为此，本章节首先回顾了石漠化概念的起源及国内相关学者对其定义的研究，界定了滇黔桂石漠化地区的范围、概况及发展状况。从多个方面阐述了滇黔桂石漠化的危害，最后明确了滇黔桂石漠化的生态治理在加快地区脱贫致富、拓展绿色空间、改善生态环境等方面具有的重大意义。

1. 石漠化概述

1.1 石漠化定义

石漠化的概念起源于荒漠化的相关研究。20 世纪 60 年代末至 70 年代初，非洲西部撒哈拉地区连年严重干旱，造成空前灾难。1977 年，联合国荒漠化会议（UNCOD）对荒漠化（Desertification）现象进行了定义：“荒漠化是土地生物潜力的下降或破坏，并最终导致类似于荒漠景观条件的出现。”“Desertification”作为第一个荒漠化定义被联合国正式采纳。国内学者结合我国地理气候特点提出了湿润地区荒漠化问题，并指出石灰风化壳上发育的荒漠化土地主要分布在四川、广东、云南、贵州、广西等地，又称石漠化土地。

国内学者对石漠化概念进行了深入研究。袁道先采用石漠化概念来表示植被、土壤覆盖的喀斯特地区转变为岩石裸露的喀斯特景观的过程，并指出石漠化是中国南方亚热带喀斯特地区严峻的生态问题，导致了喀斯特风化残积层土的迅速贫瘠化。[1]

熊康宁等人认为，喀斯特石漠化是在喀斯特脆弱生态环境下，人类不合理的社会经济活动造成人地矛盾突出、植被破坏、水土流失、岩石裸露、土地生产力衰退甚至丧失，地表在视觉上呈现出类似荒漠化景观的演变过程。[2]

罗中康认为，喀斯特地区的森林植被一旦遭到破坏，不仅难以恢复，而且必然造成大量的水土流失、土层变薄、土地退化、岩石裸露，从而形成奇特的石漠化景观。[3]

刘丛强等人认为，喀斯特石漠化可简单理解为植被、土壤覆盖率高的喀斯特景观转变为岩石裸露率高的喀斯特景观的过程，人类活动、活动断裂、冻融作用、水土流失、地震、滑坡、崩塌、泥石流等与之相关的地球化学过程均可促使植被、土壤覆盖率高的喀斯特地区转变为岩石裸露的喀斯特景观。[4]

王世杰认为，喀斯特石漠化是指在亚热带脆弱的喀斯特环境背景下，受人类不合理社会经济活动的干扰和破坏，土壤被严重侵蚀，导致基岩大面积出露，土地生产力严重下降，地表出现类似荒漠景观的土地退化过程。[5]

《岩溶地区石漠化综合治理工程“十三五”建设规划》将石漠化定义为：石漠化是在热带、亚热带湿润或半湿润气候条件，以及岩溶极其发育的自然背景下，受人为活动干扰，地表植被遭受破坏，造成土壤侵蚀程度严重、基岩大面积裸露、土地退化的表现形式，是造成石漠化地区自然灾害频发、贫困落后的根源，严重制约着地区的经济社会发展。

1.2 滇黔桂石漠化地区概况

滇黔桂石漠化地区地处云贵高原东南部及其与广西盆地过渡地带，南与越南接壤，属于典型的高原山地构造地形，碳酸盐分布广，石漠化面积大，是世界上喀斯特地貌发育最典型的地区之一。该地区集民族地区、革命老区和边境地区于一体，跨贵州、云南、广西三省区，包括集中连片特殊困难县（市、区）80 个，其他县（市、区）11 个，共计 91 个，面积 22.8 万平方千米。

2012年7月，国务院批复《滇桂黔石漠化片区区域发展与扶贫攻坚规划（2011—2020年）》，提出按照积极治理、科学利用、治用结合的要求，采取生物和工程措施相结合，恢复和重建岩溶地区生态系统，控制水土流失，有效遏制石漠化扩展趋势，将生态建设和石漠化综合治理作为一项重要任务。

1.3 滇黔桂石漠化特点及危害

1.3.1 滇黔桂石漠化特点

滇黔桂石漠化地区有着碳酸盐连续分布面积大、喀斯特景观异质性强、岩溶作用强烈、生态环境脆弱的特点。

1.3.2 滇黔桂石漠化危害

（1）可耕地面积减少，土地生产力下降

滇黔桂山区山多坡陡，人均耕地（基本农田）已低于联合国规定的人均耕地警戒线，而土地石漠化又主要发生在坡度较陡的旱作区。根据近年来对乌江流域的遥感观测：该流域90%的新增石漠化土地是由陡坡旱耕地演变而来的，因此受石漠化危害的土地面积在不断扩大，这意味着可耕地面积减少、人地矛盾加剧。

（2）生态系统的退化

石漠化导致喀斯特水土环境要素缺损，环境与生态之间的物质能量传递受阻，植物生态环境恶化。这不仅导致生态系统类型减少或消失，并且使得植被发生变异，难以适应环境，造成喀斯特山区的森林退化、区域植物种属减少、群落结构趋于简单化，甚至产生变异。石漠化山区森林覆盖率常不及10%，且多为旱生植物群落。

（3）旱涝灾害频繁

石漠化生态系统的承灾阈值弹性较小，喀斯特旱涝灾害频繁。造成这种现象主要有两方面原因：一是西南喀斯特地区的年均降水多在 900~1300 毫米之间，虽降水充沛，但因缺乏森林植被来缓冲地表径流，致使该地一遇中到大雨，地表径流便极易在低洼处积聚起来，造成暂时局域性涝灾；另一方面，石漠化地区的地下漏斗、裂隙及地下河网丰富，地表径流又能较快地汇入地下河网流走，造成大面积的地表干旱，素有“十天不雨即干旱，一场大雨又成灾”的说法。由于石漠化区缺水少土，农业生态环境恶劣，旱涝灾害频发，土地生产力大幅降低，出现“一方水土养活不了一方人”的窘境。

（4）人畜饮水困难程度加剧

石漠化地区地表土层流失殆尽，植被生长困难，地表土壤植被系统的贮水、保水能力大幅降低，溪河水系水量减少，季节性干枯时间延长，导致可利用的地表水资源呈现季度性匮乏状态，大部分石漠化地区都有不同程度的人畜饮水困难问题。

（5）区域贫困程度加剧

石漠化地区缺水少土，致使土地生产力低下，加上其他可利用资源少，造成滇黔桂石漠化地区经济水平落后。该地区属于典型的“老、少、边、穷”地区，是我国贫困面积最广、贫困程度最深的区域，分布有国家级贫困县 217 个，占全国国家级贫困县总数量的 1/4，贫困人口占全国总贫困人口的 1/3。长期以来，由于地区人口不断增长，人均耕地不足，以牺牲环境为代价，毁林开荒、滥用资源，导致了严重的生态危机，粮食产量不足，经济收入减少。许多地区陷入了“越穷越垦、越垦越穷”的恶性循环当中。

1.4 滇黔桂石漠化治理的意义

1.4.1 石漠化治理是加快脱贫致富步伐、实现全面小康社会的战略之举

滇黔桂石漠化地区既是西部地区、边疆地区，又是多民族聚居地区和革命老区，包含 198 个少数民族自治县。根据 2014 年统计数据，该地有少数民族人口 5190 万，山地面积占总面积 70% 以上，有陆地边界线近 2000 千米，石漠化区域贫困人口约 3000 万，人均年收入仅为 26 586 元，农民人均年收入只有 8510 元。日益严重的石漠化，不仅是区域生态恶化、经济落后、社会贫困的根源，还影响到民族的团结、群众的生存、社会的稳定。实施石漠化治理，对于贯彻落实党中央、国务院的战略部署，坚决打赢精准脱贫攻坚战，增进民生福祉，确保这一地区到 2020 年与全国人民一道建成小康社会具有重要意义。

1.4.2 石漠化治理是拓展绿色空间、加快区域社会可持续发展的根本之策

滇黔桂石漠化区域面积 22.8 万平方千米，人口密度为 217 人 / 千米 ^{2}，是全国人口密度的 1.56 倍，远超岩溶地区合理的生态环境承载力，人地关系高度紧张。石漠化区域耕地资源十分稀缺，人均耕地仅 0.1 公顷，部分石漠化严重地区人均耕地仅为 0.03 公顷，其有限耕地大多属于旱涝频发、收成难保的贫瘠山地。由于山高坡陡的地形条件和独特的岩溶双层地质结构，加上降水丰沛且多暴雨的气候特征，有限的水土资源不仅极易遭到地表径流冲刷而丧失，还容易从孔隙渗漏至地下而流失，导致可耕种土地面积缩减，土地生产力下降。根据对贵州和广西的典型调查，每年因石漠化减少的耕地约占该地区耕地总面积的 0.5%，使本来就很尖锐的“人地矛盾”更加突出。如果这一地区的石漠化问题得不到根本的改善，人类生存与发展的最基础生态条件——水土资源将流失殆尽，严重威胁到人民的生存空间。因此，继续推进石漠化综合治理工程、改善岩溶地区生态环境质量和生产生活条件、防止土地退化、提高土地生产力，是拓展绿色空间的必然要求。

1.4.3 石漠化治理是改善石漠化地区生态环境的长久之计

在以往的治理过程中，很多地区仅对轻度石漠化土地实施了植被修复措施，或仅在小流域内采取了引水沟渠等水土保持措施。即便是已经治理好的地块，由于缺乏后期管护经费，补植补造、运行维护等后续措施滞后，仍面临退化的风险，成果巩固压力巨大。石漠化土地基岩裸露度高、土被破碎、土层瘠薄、缺土少水、立地条件差，治理难度极大，从而导致土地石漠化的区域贫困、人地矛盾等间接驱动因素依然存在，毁林开垦、樵采薪材、陡坡耕种和过度放牧等直接导致土地石漠化的不合理人为活动时有发生，在一定程度上还存在着“边治理、边破坏”的现象。因此，石漠化治理必须持之以恒，坚持不懈，才能有效巩固并扩大治理成果，减轻石漠化危害。

参考文献

[1] 袁道先. 我国西南岩溶石山的环境地质问题 [J]. 世界科技研究与发展，1997，19（5）：41-43.
[2] 熊康宁. 喀斯特石漠化的遥感 -GIS 典型研究：以贵州省为例 [M]. 北京：地质出版社，2002.
[3] 罗中康. 贵州喀斯特地区荒漠化防治与生态环境建设浅议 [J]. 贵州环保科技，2000，6（1）：7-10.
[4] 刘丛强. 生物地球化学过程与地表物质循环：西南喀斯特土壤 - 植被系统生源要素循环 [M]. 北京：科学出版社，2009.
[5] 王世杰，李阳兵，李瑞玲. 喀斯特石漠化的形成背景、演化与治理 [J]. 第四纪研究，2003，23（6）：657-666.

党和政府高度重视滇黔桂地区石漠化的生态治理工作，早在中华人民共和国成立之初便启动了滇黔桂岩溶石漠化综合治理工程，至今已历经4个历史时期，在此期间石漠化趋势得到有效控制。本章回顾了不同治理时期的治理目的，采取的主要措施，取得的显著成效，积累的治理经验，最后总结出草食畜牧业发展、生态农业、复合农林牧立体、地头水柜综合开发利用、生态移民和建立生态保护区开发旅游6种生态治理模式。

2. 滇黔桂石漠化地区生态治理研究

2.1 滇黔桂石漠化治理历程

石漠化问题是滇桂黔地区生态建设面临的十分突出的地域环境问题，引起了党中央、国务院的高度重视。早在“十五”期间国家就明确提出了“加快黔桂滇岩溶石漠化的综合治理”，我国石漠化治理可大体分为以下4个阶段：

石山治理阶段（1950年至20世纪80年代中期）：以减少石漠化地区水土流失问题、改善贫困人口生产生活条件、解决温饱问题为主要目标。“坡改梯”为该阶段的重要治理措施，尚未开始实施自然修复和乡村、田间道路建设工程。

石漠化治理初始阶段（20世纪80年代中期至1998年）：以增加群众收入、逆转植被退化、遏制石漠化加剧趋势为主要治理目标。“坡改梯”仍为非常重要的治理措施，开始采用自然修复措施恢复植被。在这一阶段，石漠化的发展趋势开始有所抑制。

石漠化治理生态建设阶段（1999—2007年）：以增加植被覆盖、逆转石漠化趋势为主要治理目标。自然修复成为非常重要的措施，“坡改梯”的重要性有所下降。该阶段的石漠化发展趋势开始逆转。

石漠化治理工程专项阶段（2008 年至今）：配合新农村建设和提高劳动生产力的需要，增加了乡村、田间道路改造，以加速逆转石漠化趋势、建设新农村为主要治理目标。2008 年国务院批复了《岩溶地区石漠化综合治理规划大纲（2006—2015 年）》，启动了岩溶地区石漠化综合治理一期工程。2016 年，国家发改委会同国家林业和草原局、农业农村部、水利部联合编制了《岩溶地区石漠化综合治理工程“十三五”建设规划》，加大了石漠化地区治理的力度，石漠化治理取得了阶段性成果。

2.2 滇黔桂石漠化治理成效

自 2008 年岩溶地区石漠化综合治理一期工程启动实施以来，截至 2015 年，初步完成石漠化治理面积 4.75 万平方千米，石漠化治理取得了显著的成效。

2.2.1 石漠化面积减少、程度减轻

据 2012 年国务院公布的全国第二次石漠化监测结果显示，与 2005 年相比，6 年间工程区石漠化土地面积减少 0.96 万平方千米，减少了 7.4%，年均减少面积 0.16 万平方千米，年均缩减率为 1.27%，石漠化扩展态势得到初步遏制。滇黔桂地区石漠化面积累计减少 78.7 万公顷，其中广西石漠化减少面积最多，为 45.3 万公顷。

按石漠化程度来说，轻度、中度、重度石漠化占石漠化比重分别由第一次监测（2005 年）的 27.5%、45.7%、26.8% 转变为 2011 年监测的 36%、43.2%、20.8%，石漠化程度有所减轻。从各省状况看，轻度石漠化面积以云南省增加最多，达 48.4 万公顷；中度石漠化面积以云南省减少最多，达 24.4 万公顷；重度及以上石漠化面积以广西减少最多，达 39 万公顷。

2.2.2 区域林草植被覆盖度明显增加，生态状况逐步改善

通过实施封山育林、人工造林、草地建设等林草植被恢复措施，石漠化地区森林覆盖率、林草植被综合覆盖度逐渐提高，植被结构改善，野生动物种群数量明显增多，生物多样性得到有效恢复，植被涵养水源、固碳释氧、净化空气等生态功能显著增强。据全国第二次石漠化监测显示，岩溶地区生态状况改善的面积为 408 万公顷，保持稳定的面积为 3901.5 万公顷，两类面积占到监测区岩溶土地面积的 95.8%，表明监测区生态状况整体上呈现“稳步向好”的态势；乔木型、灌木型植被面积增加 157.2 万公顷，植被覆盖度增加 4.4%，植被状况逐步好转；乔木灌木植被比例增加了 2.2%，无植被类型土地的面积减少了 0.8%，植被群落结构呈现良性改善。多年石漠化治理经验增强了群众对石漠化防治的信心，带动了干部、群众、社区、企业等全社会参与石漠化治理的积极性，工程区群众生态文明意识显著提高。

2.2.3 固土保水功能增强，水土流失减少

随着石漠化综合治理一期工程的持续推进，区域陡坡耕作比重下降，林草植被保持水土功能增强，特别是工程区通过实施“坡改梯”及沉沙池、沟道、拦沙或谷坊坝、排灌沟渠、蓄水池或水窖等水土保持配套措施，实现降坡保土，合理拦蓄和利用水资源，减缓洪水冲刷强度，显著减轻了水土流失，实现了“土不下山、水不乱流”的良性局面，有效减少了泥沙淤积对江河流域水利、水电设施的危害，对维护江河流域生态安全发挥了重要作用。

2.2.4 扶贫攻坚进程加快，可持续发展能力不断增强

石漠化综合治理一期工程坚持“治石与治贫”相结合，强化生态经济林、林下经济、草食畜牧业、生态旅游业等发展，加快区域脱贫致富步伐，实现了区域“生产、生活与生态”三者的有机统一，逐步走出了“边治理、边破坏”的恶性循环。

2.3 滇黔桂石漠化治理经验

滇黔桂石漠化治理在国务院有关部门积极支持下，各级地方政府和干部群众创造性地开展工作，积累了丰富的经验。具体体现在以下几个方面。

2.3.1 完善综合治理体系，加强部门协调配合

滇黔桂石漠化综合治理坚持山、水、田、林、路综合治理，将造林种草、畜牧业舍饲、小型水利水保等措施协调配置，生物措施、工程措施和农艺措施并用，提升了石漠化防治的质量和成效。

国务院有关部门高度重视石漠化治理工作，4次召开石漠化综合治理工程省部际联席会议，加强对工程建设的指导。相关各省（市、区）及市县级人民政府均成立了石漠化综合治理工程领导小组，形成了以发展改革部门负责工程建设综合协调和管理，林业、农业、水利等部门各负其责的工作机制。各领导小组下设办公室，安排年度计划、施工管理和检查验收，保障了工程建设的顺利推进。

2.3.2 规范工程管理，提高工程建设质量

国家及相关省（市、区）研究出台了石漠化综合治理试点工程管理办法、技术规程、建设标准、检查验收和项目管理等技术标准与系列规章制度，做到工程建设管理有规可依。工程建设坚持按计划设计、按设计施工、按项目考核、按标准验收，科学编制实施方案和作业设计。工程县（市、区）从严把好设计、施工、检查验收关，严格管理工程质量。在工程建设中积极推行财务报账管理、工程招标制、工程监理制、竣工验收制和审计管理，确保了项目质量。

2.3.3 强化资金整合，多渠道融资

紧紧抓住国家在强农惠农、生态建设等方面投入稳步增加的机遇，在石漠化综合治理中央预算内专项投资的引导下，整合防护林体系建设、土地整治等多渠道资金，用于岩溶地区生

态保护与建设，有力促进了石漠化治理。依托集体林权制度改革的契机，各地不断探索林地流转、森林资产评估、林权抵押贷款、森林保险、金融服务等配套改革，初步建立了支持石漠化防治的公共财政制度，积极提出了相关政策，建立了相关激励机制。按照"谁治理、谁受益"的原则，积极鼓励农民合作社等各类经营主体投资生态保护与石漠化治理，广泛调动社会各类主体参与石漠化治理的积极性。

2.3.4 注重长短结合，促进经济发展方式转变

在加强石漠化地区林草植被生态修复的同时，各地坚持"兴林与富民"相统一、"治石与治穷"相结合的理念，注重将石漠化治理与当地特色产业发展、当地产业结构优化和脱贫致富相结合。广大科技工作者与生产一线人员积极参与石漠化治理，注重发挥科技的引领和支撑作用，加强科研成果的推广与应用，在石漠化治理中起到了巨大的作用，产生了良好的示范带动作用。各地积极探索林药、林果、林油、林下种养、有机食品与特色畜牧业等生态经济型模式，初步实现了生态与经济双赢。

2.4 滇黔桂石漠化治理模式

多年来，滇黔桂地区通过封山育林、退耕还林、界定公益林管护、综合治理试验、生态能源建设等措施，总结了多种治理模式。根据重点解决的石漠化关键问题和采取的技术措施，石漠化治理模式可总结为 6 种：草食畜牧业发展模式、生态农业模式、复合农林牧立体模式、地头水柜综合开发利用模式、生态移民模式和建立生态保护区开发旅游模式。

2.4.1 草食畜牧业发展模式

以草带林带粮，进行草农牧林结合，短期内可保持水土，远期则可开发林木资源。利用种草来发展畜牧业，并结合农作物秸秆和饲料，对牛马改放养为舍养，形成"畜多—肥料多—

收入多”的良性循环，对喀斯特地区的生态治理、经济发展大有帮助。

2.4.2 生态农业模式

生态农业模式是充分利用农村生产、生活废物资源，以变废为宝的沼气技术作为突破口，因地制宜开展种养和住房、厨房、厕所、道路、绿化、环境卫生等多项技术建设改造，能够较好地解决农村生活燃料和生产有机肥料的能源问题，有效保护森林资源，缓解土地石漠化。

例如，广西恭城瑶族自治县以沼气为纽带，以果业为重点，以养猪业为龙头，把养殖业和种植业紧紧捆绑在一起，大力发展生态农业，让猪粪入池，沼气入室，沼液渣入地，构建了养殖、沼气、种植三位一体的生态农业发展模式，实现了生态农业与农村经济、社会经济挂钩的双重良性循环，产生了较好的经济、社会和环境效益。

2.4.3 复合农林牧立体模式

复合农林牧立体模式包括立体农林复合型、林果药为主的林业先导型、林牧业结合型、牧农业结合型、农牧渔结合型。在山体的中上部实行乔灌草结合，建立以水源涵养、水土保持为主的植被体系；在山的中下部，种植用材林、经济林、竹林及药用植物，形成农林牧复合结构；在山的下部及谷地、洼地兴修农田水利，用石头或生物地埂修筑梯田和池塘，构成农牧渔为主的复合体系。充分发挥林灌草的水源涵养、水土保持和调节气候作用，发挥牧业的土地增肥和资源再利用作用，发挥高效农业的增产作用，最终实现生态重建与经济持续发展的良性互动。

2.4.4 地头水柜综合开发利用模式

在人畜饮水困难的石漠化农村地区建地头水柜，既解决了人畜饮水问题，又可以对旱地进行浇灌，还可以改地为田。此外，通过发展经济作物灌溉和水产养殖，可以提高水柜的综合利用效益，有效解决农民的增收问题。滇黔桂降雨量充沛，集雨工程可进行多次复蓄，充分利用水面发展养殖业，经济效益十分可观。地头水柜工程建设具有明显的生态效益，同时，由于改土造田、砌墙保土和作物种植结构的改变，农民温饱问题也得到基本解决，人均收入大幅增加。农民不仅不再为了解决吃粮问题而开垦荒坡，还主动退耕还林、种竹、种木豆，有效地遏制了石漠化的扩展，为封山育林、涵养水源、重现秀美山川创造了极其有利的条件。

2.4.5 生态移民发展模式

生态移民是将资源匮乏、生存环境恶劣、生活贫困、交通不便、地质灾害频发的石漠化地区人口整体搬迁到县城、乡镇的移民新村。对迁出地区进行封山育林，恢复和重建自然生态。对迁入地区按照生态环境的自然结构情况进行景观生活规划及生产生活布局。

例如，贵州省黔南布依族苗族自治州平塘县将移民与县内茶场发展相结合，移民转产为茶场工人，承包茶园管理，有较稳定的收入来源。

2.4.6 建立生态保护区，开发旅游模式

利用喀斯特景观的教育价值、探险价值、美学价值等，建立多功能的“国家公园”式保护区，将石漠化地区丰富的旅游资源与多彩的少数民族风情相结合，开展特色旅游业。

例如，贵阳市花溪区石板镇依托喀斯特低山丘陵地貌和布依族、苗族等少数民族风情，建立天河潭喀斯特山水和镇山村民俗风情自然保护区。旅游业发展能够推动当地经济发展，有效带动服务业，促进农业产业化，对石漠化治理起到了治本作用。

新时期随着欠发达地区绿色产业兴起，西部大开发建设战略部署推进，岩溶地区石漠化综合治理工程和脱贫攻坚工作的持续开展等，为滇桂黔石漠化片区的治理和发展带来了良好的机遇。与此同时，由于治理难度加大、资金分散、缺乏统筹规划、建设成本上升、意识观念落后等问题，为石漠化治理也带来了新的挑战和难点。

3. 新时期石漠化治理的机遇与挑战

3.1 新时期石漠化治理的机遇

3.1.1 绿色发展背景下绿色产业的兴起

中国共产党第十八次全国代表大会报告提出要大力推进生态文明建设，把生态文明建设放在突出地位，并融入经济建设、政治建设、文化建设、社会建设等各方面和全过程。中国共产党第十八届中央委员会第五次全体会议将绿色发展与创新发展、协调发展、开放发展、共享发展并称“五大发展新理念”，成为新常态下中国经济发展的指导。党的十九大报告中明确指出，我们要建设的现代化是人与自然和谐共生的现代化，要提供更多优质生态产品以满足人民日益增长的对优美生态环境的需要。

绿色发展理念在社会经济发展中的指导作用越来越重要，绿色产业的兴起是实现社会经济新发展的产业支撑，也是综合性解决以石漠化问题为代表的资源、环境等问题的有效手段。大力发展特色林果、草食畜牧业、生态旅游等绿色产业，提升滇黔桂石漠化地区的“造血”功能，降低地区对生态资源的依存度，从而恢复石漠化地区的生态环境。

3.1.2 深入推进西部大开发建设战略部署

西部地区是我国全面建成小康社会的重点难点，也是提升全国平均发展水平的巨大潜力所在，是推进东西双向开放、构建全方位对外开放新格局的前沿，在区域发展总体战略中具有优先地位。

“十三五”时期是西部地区进入爬坡过坎、转型升级的关键阶段。党中央、国务院高度重视区域协调发展和全面建成小康社会，就加大扶贫开发力度、深入推进西部大开发做出了一系列战略部署，为加快区域发展提供了根本保证。国务院印发《西部大开发“十三五”规划》，提出着力抓好生态建设环境保护，重点推动五大生态区综合治理，实施了新一轮退耕还林还草工程，扩大退牧还草工程实施范围，继续实施三江源生态保护、西南石漠化治理等重大生态工程。

3.1.3 岩溶地区石漠化综合治理工程的持续推动

党中央、国务院对滇黔桂岩溶地区的经济社会发展高度关注，2008 年国务院批复了国家发展改革委会同林业和草原局、农业农村部、水利部共同编制的《岩溶地区石漠化综合治理规划大纲（2006—2015 年）》，启动了工程建设。在《岩溶地区石漠化综合治理规划大纲（2006—2015 年）》到期之际，国家发展改革委会又同国家林业和草原局、农业农村部、水利部等部门抓紧开展了《岩溶地区石漠化综合治理工程“十三五”建设规划》，在总结一期工程治理经验的基础上，力争到 2020 年，治理岩溶土地面积不少于 5 万平方千米，治理石漠化面积不少于 2 万平方千米。岩溶地区石漠化综合治理工程的持续推动为新时期石漠化治理提供了有力保障。

3.1.4 自然资源部全力支持滇黔桂石漠化片区脱贫攻坚

自然资源部高度重视贫困地区区域发展与扶贫攻坚工作，在出台政策、制定规划、开展试点等方面，持续加大对滇桂黔石漠化片区的支持力度。“十三五”期间，自然资源部将深入贯彻《中共中央国务院关于打赢脱贫攻坚战的决定》提出的一系列重要政策措施，完善扶贫开发政策。一是支持滇黔桂贫困地区根据第二次全国土地调查及最新年度变更调查成果，调整完善土地利用总体规划。新增建设用地计划指标优先保障扶贫开发用地需要，专项安排国家扶贫开发工作重点县年度新增建设用地计划指标。二是中央和省级在安排土地整治工程和项目、分配下达高标准基本农田建设计划和补助资金时，要向滇黔桂贫困地区倾斜。三是在连片特困地区和国家扶贫开发工作重点县开展易地扶贫搬迁，允许将城乡建设用地增减挂钩指标在省域范围内使用。四是在有条件的贫困地区，优先安排国土资源管理制度改革试点，支持开展历史遗留工矿废弃地复垦利用、城镇低效用地再开发和低丘缓坡荒滩等未利用地开发利用试点。

3.1.5 滇黔桂地区国家政策支持形势利好

2009 年起，国务院先后出台《国务院关于进一步促进广西经济社会发展的若干意见》《国务院关于支持云南省加快建设面向西南开放重要桥头堡的意见》和《国务院关于进一步促进贵州经济社会又好又快发展的若干意见》，为滇黔桂增强自我发展能力创造了条件。

2015 年，国务院批复《左右江革命老区振兴规划（2015—2025 年）》，激活滇黔桂地区“红色引擎”，释放集聚效应，明确了左右江革命老区未来 10 年要在项目建设、脱贫攻坚、产业发展、互联互通、生态保护等方面加强协调合作，并继续实施退耕还林、天然林保护、退牧还草、水土保持、石漠化治理、湿地恢复、防护林建设等重大生态修复治理工程，为滇黔桂的发展提供有力的支撑。

3.1.6 三大经济区快速发展

滇黔桂地区地跨北部湾经济区、黔中经济区和滇中经济区。三个省区山水相连、资源结构互补性强，经贸来往密切。近年来，随着高铁、高速公路的贯通，三大经济区正全面对接、快速发展，形成贯穿大西南、串起 5 万亿元 GDP，相互支撑、产业互动的新格局，为滇黔桂区域发展提供了良好的周边环境。

3.2 新时期石漠化治理的挑战

3.2.1 治理难度逐步增大

自 2008 年国家开展岩溶地区石漠化治理工程以来，按照先易后难的原则，对滇黔桂地区自然条件较好、交通条件便利的地段优先实施了治理。“十三五”期间实施治理的地段属于治理工程中难啃的“硬骨头”，山高坡陡，基岩裸露度越来越高，缺土少水问题愈发突出，立地条件越来越差，交通不便，治理难度越来越大。同时，受全球气候变化的影响，工程区面临极端天气危害的挑战进一步加剧，干旱、暴雨、洪涝、有害生物等自然灾害及火灾对工程建设及成果巩固的潜在威胁越来越严峻。

3.2.2 资金集中度不高

石漠化土地面积大、分布范围广，且工程建设内容多样，治理措施复杂，又是一项劳动强度大的生态工程。与石漠化防治的巨大需求相比，仅依靠每年 20 亿元左右的中央专项投入明显不足。漠化治理资金来源渠道单一，主要靠财政投入，没有形成全方位、多渠道投入机制。且生态建设各项资金渠道缺乏有效整合，资金规模总量小，难以达到最佳治理效果。

3.2.3 缺乏统筹规划、分区施策

石漠化土地分布范围广、成因复杂、程度各异，决定了治理措施的差异性和复杂性。在以往的治理过程中，“头痛医头，脚痛医脚”的现象相当普遍，多数缺乏统筹规划和“辨证论治”的科学方法，没有考虑以不同地区自然、社会经济条件，石漠化成因、程度等方面差异性来实行分区施策，合理选择适宜的治理模式和技术措施，从而影响治理效果。

3.2.4 单位面积及单项措施投资标准低

目前，滇黔桂石漠化治理地区劳动力短缺现象日益明显，用工成本增加，再加之物价上涨，导致工程建设成本逐年上升。单项治理措施没有充分考虑到困难立地条件下生态修复的难度，

投资标准低，且缺乏与用工成本等挂钩的动态调控机制，影响到工程治理成效。

3.2.5 生育观念落后造成新的石漠化问题

如前所述，滇黔桂石漠化地区属于典型的“老、少、边、山、穷”地区，传统的生育观念造成人口增长过快，超出了耕地的承载量。当地群众只能靠不断地毁林造地、樵采、过牧等维持生计，造成旧的石漠化土地尚未治理，新的石漠化土地又产生，难以确保治理成果。

3.2.6 宣传认识不足，群众不积极配合

滇黔桂地区部分群众对石漠化综合治理的意义认识不足，参与封山育林、植树造林、农村能源建设等石漠化各项治理工程的积极性不强。例如政府主导的生态移民工程，由于对环境和生活习惯不适应，移民群众未能完全满意，配合不积极。

中篇 策略与方向

——新时期的广西石漠化绿色发展之路探索

石漠化是制约广西经济发展的重要因素之一。经过多年的努力，虽然广西对石漠化的治理已经取得一定的成效，但是石漠化治理是一项长期、艰巨、复杂的任务，需要根据实际情况及时调整治理方法。为了有效治理石漠化，走广西绿色发展之路，本章对新时代绿色发展的背景进行梳理，试图通过政策背景寻找广西石漠化治理的绿色发展之路。

4．绿色发展之路的背景

4.1 新时期绿色发展新理念与建设举措

党的十八届五中全会提出了创新、协调、绿色、开放、共享的五大发展理念，绿色发展成为“十三五”乃至更长时期中国经济社会发展的一个重要理念。绿色发展是以资源节约、环境友好、生态保育为主要特征的发展理念、路径与模式。坚持绿色发展，需要强调以人为本，强调人与自然和谐共生，要求经济发展的同时加强生态环境保护，从“征服自然”回归到“尊重自然”，实现经济发展与生态环境保护互动双赢。

习近平总书记指出：“保护生态环境就是保护生产力，改善生态环境就是发展生产力。”良好的生态环境是促进区域经济社会发展的重要原因之一，要实现区域可持续发展，就必须加强生态环境保护，探索绿色发展之路。对于生态脆弱地区，通过走绿色发展之路，大力发展生态经济，努力把生态优势转变为发展优势。

4.2 新常态下生态农业功能延伸的新要求

新常态经济发展形势下，农村经济发展呈现出发展速度加快、结构优化调整和动力转化升级的特点。

现代农业发展要以新业态、新模式的选择为路径，生态农业成为关键。生态农业的提出是为了改善和缓解农业生产环境、自然资源和社会经济间的矛盾。它是在保护、改善农业生态环境的前提下，按照生态学原理和经济学原理，运用现代科学技术成果和现代管理手段，以及传统农业的有效经验建立起来的，能够获得较高的经济效益、生态效益和社会效益。生态农业要求把粮食生产与多种经济作物生产相结合，大田种植与林、牧、副、渔业相结合，大农业与第二、第三产业相结合，利用传统农业精华和现代科技成果，通过人工设计生态工程，协调与环境之间、资源利用与保护之间的发展矛盾，形成生态上与经济上两个良性循环。由此可见，传统农业向生态农业转变，其功能由单一的生产功能向经济、社会、生态等多功能拓展，从而促进经济、社会和生态三大效益协调发展。

积极开发农业多种功能，实现第一、第二、第三产业融合，能够有效改善生态环境条件，促进农村经济持续快速发展。滇黔桂地区发展特色生态农业，大力推进农业绿色发展，是可持续地利用石漠化土地的有效途径，更是新常态下农业功能延伸的积极响应。

4.3 践行生态文明建设美丽中国的新期盼

党的十八大之后，以习近平同志为核心的党中央高度重视并大力推进生态文明建设。党的十九大报告中，将建设生态文明上升为千年大计，强调“人与自然和谐共生”；同时，报告首次把美丽中国作为建设社会主义现代化强国的重要目标，并从“推进绿色发展”等方面提出了建设美丽中国的重点任务。

当前，我国经济社会发展与生态资源环境保护间的矛盾日益突出，滇黔桂石漠化生态环境脆弱片区之间的矛盾更为凸显。为了缓解并逐步解决这一矛盾，必须改变传统的经济增长模式，践行生态文明，遵循自然、经济、社会、生态等整体运行规律，实现发展与环境双赢。推动绿色发展是践行生态文明建设的基础与科学抉择，为此，积极探索新的绿色发展模式，加快绿色经济的转型升级是滇黔桂石漠化地区生态文明建设发展的必然选择，也是建设美丽中国的优选路径。

4.4 实现乡村振兴的重要途径

党的十九大报告首次提出实施乡村振兴战略，“要坚持农业农村优先发展，按照产业兴旺、生态宜居、乡风文明、治理有效、生活富裕的总要求，围绕推动乡村产业振兴、人才振兴、文化振兴、生态振兴、组织振兴，建立健全城乡融合发展体制机制和政策体系，加快推进农业农村现代化”。乡村振兴战略的重点是坚持农业农村优先发展，是关系到我国能否从根本上解决城乡差别、乡村发展不平衡、不充分等问题的关键所在，是推动“五位一体”总体布局向乡村区域深度延伸和推进中国特色乡村现代化的发展思路。

实施乡村振兴战略的基本原则之一是坚持人与自然和谐共生。而实现和谐共生则需要落实和坚持节约优先、保护优先、自然恢复为主的方针，坚持走乡村绿色发展之路，通过绿色发展引领生态振兴，发挥农村生态环境资源的多重功能，实现农村第一、第二、第三产业协同发展，促进生态和经济良性循环。

4.5 全域旅游的全面兴起

2017年政府工作报告明确提出要“完善旅游设施和服务，大力发展乡村、休闲、全域旅游”。

全域旅游是一种将区域整体作为旅游目的地发展的新理念，将目的地作为一个大景区，各行各业积极融入其中，通过对区域内经济、社会资源，尤其是旅游资源、相关产业、生态环境、公共服务、体质机制、政策法规、文明素质等进行全方位、系统化的优化提升，实现区域资源有机整合、产业融合发展、社会共建共享，以旅游业带动和促进经济社会协调发展，具有“全局性、空间性、带动性、整合性和共享性”的本质特征。

开展全域旅游是贯彻落实“创新、协调、绿色、开放、共享”五大发展理念的重要体现。在绿色发展方面，全域旅游能把生态和旅游结合起来，把资源和产品对接起来，把保护和发展统一起来，将生态环境优势转化为旅游发展优势，将绿水青山变成金山银山，创造更多的绿色财富和生态福利。

旅游产业发展对生态环境的依赖和要求很高，想要做大、做强旅游产业，必须营造适宜旅游业发展的有利条件。全域旅游追求的正是不断促进旅游质量提升，促进区域旅游产业转型升级。在全域旅游的发展思路中，强调“全域整合、全景打造、全业融合、全民参与”，通过各要素有机整合，旅游业与其他相关产业融合，能够培育新的区域旅游增长极，形成新的生产力，探索出一条社会经济发展与生态环境保护共赢的新道路，有效推动区域全方位的绿色发展。

近年来，随着绿色发展、生态农业、生态文明建设、乡村振兴以及全域旅游等新理念的提出，为广西石漠化治理提供了新思路。本章积极探索广西石漠化绿色发展新途径，提出三大策略：“大公园”——建设公园城市，“大生态”——社会生态、经济生态和自然生态有机统一，“大农业”——多功能、开放式、综合性的大农业。将三者有机结合，提出广西绿色发展之路的大方向为“生态农业公园”。

5．绿色发展之路的策略与方向

5.1 策略一：大公园

5.1.1 含义与特征

传统意义的公园是指供公众游览、观赏、休憩、开展科学文化及锻炼身体等活动，有较完善的设施和良好的绿化环境的公共绿地。

大公园的含义与传统公园不同，大公园是一个较大的模糊空间，将其整体作为一个大景区、大公园来建设，范围内的各种要素、各种产业等都可以成为风景，从而塑造一个生产、生活、生态空间相宜，自然、经济、人文相融的复合系统。在保护生态系统完整性的同时，为公众提供旅游、科研、教育、娱乐的机会和场所。

大公园是一种能够合理处理生态环境保护与资源开发利用关系的、行之有效的保护和管理模式。建设大公园，走生态与发展有机统一的新路，就是以生态保护建设与区域经济发展有机融合为主要方式，以发展生态经济为抓手，注重保护原生态、原产权、原居民、原民俗，在保护的同时充分挖掘地域的生态资源、旅游资源、文化资源等，把资源优势转化为发展优势、富民优势。

5.1.2 发展路径

（1）以主体功能区建设为抓手，优化大公园的空间开发格局

主体功能区是基于不同区域的资源环境承载能力、现有开发密度和发展潜力，将特定区域确定为特定主体功能定位类型的一种空间单元。划分主体功能主要考虑自然生态状况、水土资源承载力、区位特征、环境容量、现有开发密度、经济结构特征、人口集聚状况等多种因素。不同的地区各种自然条件有所不同，各地区不能按照统一的发展模式进行发展。

桂黔滇喀斯特石漠化防治生态功能区属于国家重点生态功能区，生态环境脆弱。作为桂黔滇石漠化综合防治的核心区域，广西要严格落实主体功能区规划要求，坚持以打造全域生态公园的理念来优化区域空间规划，合理布局生产空间、生活空间、生态空间，打造“三生融合”的空间格局。从主体功能区的角度，以不同主体功能类型区的功能定位和发展方向作为经济布局、产业发展、人口布局和项目建设的依据，科学确立区域主导产业和发展规划，宜农则农、宜工则工；切实增强优化开发区域承载能力，提升重点开发区域发展水平，发挥限制开发区域职能作用，守好禁止开发区域生态底线。

从建设大公园的角度，根据不同位置的环境本底、游客进入程度、基础设施供给状态等因素，把区域划分为严格保护区、生态保育区、游憩展示区、传统利用区 4 个区，实现保护与开发协同并进。

（2）以“绿色＋特色”为方向，构建大公园的生态功能

融入生态文明要求和绿色发展理念，坚持以“绿色＋特色”为方向，以点带区、连区成片、合片成体，构筑大公园的生态功能。

注重保护山水生态基底，做好“治山理水、显山露水”的文章。严守生态红线，落实各类保护功能区域，提升生态脆弱地区的环境质量，大力实施自然保护区、地质公园、湿地公园、

森林公园以及各种景区等保护工程。开展山水林田湖草生态保护和修复、湿地生态系统功能质量提升、森林质量提升、山体石漠化治理等工程建设，积极保护和修复自然生态系统。

依托地区宝贵的绿色资源，积极建设生态休闲项目。加强生态环境保护的同时，将广西特色的果、林、田等农业资源与旅游发展结合起来，建设大农园、大果园、大林园等，打造融现代农业、休闲旅游、田园社区为一体的特色田园乡村。同时，充分挖掘当地历史名人、民俗风情、民间文化等，融入时下流行的艺术元素，策划具有生态性、文化性、示范性与体验性的主题产品，发展具有农业特色的主题公园，并以生态有机农业为主体进行经营和管理。通过一个个特色的园、景作为引擎、支撑，带动生态农业示范区建设。

（3）以发展全域旅游为途径，强化无边界的游览服务功能

极度恶劣的自然条件、不便利的交通、保守的思想等是制约地区发展的重要因素。特别是在一些山区，复杂多山的地形条件使得这些地区长期处在一个相对封闭的环境中，表现为生产力水平不高、信息交流不畅、对外开发程度低等。因此，为了发展，就要打破固有封闭的思维观念，追求开放、跨界与融合，而“无边界”理念正是这一趋势的充分体现。

在旅游方面，“无边界”指的是区域与区域之间和谐统一，不存在割裂感，以形成整体的全域旅游概念。因此，需要将广西从整体的高度来进行统一打造，打破界限，促使区域内的旅游要素无边界整合，对交通、吃住行游购娱等各个消费环节、各个要素进行全网优化、有机融入，互无边界，全面满足游客的游览需求。

引入水陆空全方位特色旅游交通体系。通过航空、航船、轨道、公路和慢行等多元交通设施建设及运输部门之间的协调与合作，优化各种交通方式之间的无缝衔接。完善旅游慢行系统、自驾车服务、旅游公交专线、旅游公共码头、水上交通等服务体系建设，由旅游巴士、环保电瓶车、有轨电车、游船、步行系统等交通工具进出大公园内的各个旅游点，实现旅游交通的整体性、便捷性、时效性和一体化。

打破空间封闭，形成共建共享的服务模式。充分发挥旅游业的综合优势和带动作用，将游览服务纳入互联网范畴。充分利用大数据，通过大数据在旅游产业中的应用，积极营造旅游与互联网相互开放、相互包容、融合发展的良好环境，加强跨界、跨区域融合发展，最大限度优化资源配置，加快形成以开放共享为特征的“旅游＋互联网”运行模式。通过“旅游＋”与各种产业融合，模糊产业边界，促进旅游服务市场走向个性化、特色化、体验化的多维发展趋势，激活产业链，催生旅游产品新业态，创新发展模式及提高服务效能。

（4）以发展“公园城市”为理念，探索人居环境的构建模式

2018 年 2 月，习近平总书记在考察成都天府新区时，首次提出“公园城市”理念，要求城市的建设要突出公园城市特点，考虑生态价值。“公园城市”是基于绿色发展理念而创新的一个概念，突出以生态文明引领的发展观、以人民为中心的价值观、构筑山水林田湖草生命共同体的生态观以及“人、城、境、业”高度和谐统一的现代化城市形态，是新时代城乡人居环境建设和理想城市建构模式的理念创新。

为实现治理石漠化综合治理，探索生态和谐人居环境，需要打破固有发展模式。以“公园城市”为创新理念，实现建设模式的三大转变：从“产—城—人”到“人—城—产”的转变，强调以人文本；从“城市中建公园”到“公园中建城市”的转变，把整个城市营造成一个公园，城市就在公园里，城市就是个大公园；从“空间建造”到“场景营造”的转变，突出消费场景的营造。

5.2 策略二：大生态

5.2.1 含义与特征

生态，从最广义的角度理解，就是生命的存在状态。而人不仅仅是生物存在，更是社会存在、精神存在。因此，促进人类全面发展的生态，应该是一个满足人的生物属性、社会

属性和精神属性的大生态格局。

大生态是“人类可持续发展”这一最高意识下探索人与自然关系新的科学思维方式。具体讲就是人类是自然生态系统中的一员，其生物属性、社会属性和精神属性都必须依赖于自然因素，并受限于生态原则。大生态把一切生态分为“社会生态”“经济生态”“自然生态”三大类型，或者“社会生态”与“自然生态”两大类型，因为“经济生态”也应属于社会生态的范畴。如果把大生态作为一个由社会、经济和自然组成的有机统一整体，那么在这个统一整体里，各组成成分之间相互影响、相互制约，并保持运行周期内处于相对稳定的动态平衡状态。

5.2.2 发展路径

(1) 以“五位一体”总体布局为视域，构筑系统的大生态观

从经济建设、政治建设、文化建设、社会建设、生态文明建设五位一体的建设模式拓展到生态文明范畴突出了自然生态建设。生态文明不仅仅是纯粹的生态，还体现在经济、政治、文化、社会方面。

在经济方面，要求在保护中发展，在发展中保护。习近平总书记提出“两山论”，从不同角度揭示了发展与环境保护的辩证统一关系。“既要绿水青山，也要金山银山”，强调生态环境和经济社会发展相辅相成、不可偏废，要把生态优美和经济增长“双赢”作为发展的重要价值标准；“宁要绿水青山，不要金山银山，而且绿水青山就是金山银山”，强调把良好的生态环境看作经济持续发展的最根本基础，要求走生态优先的绿色发展之路。

在政治方面，要求营造良好的政治治理环境。生态文明建设协调人与自然的关系，提供优美的生态环境，满足人民对美好生活的向往，这一点与政治文明建设的目标不谋而合。在设计、制定、安排、实施、宣传政府的政策乃至制度规范时，将生态的思想理念与价值准则贯穿其中，将其作为推动建设发展的重要内容与基本原则之一，而不再制定、实施、无视、违背生态文明，

影响可持续发展的政策与制度，保证政府成为生态文明建设的主导力量与主要的引领者。

在文化方面，要求以生态的理念和思维方式推动文化的创新发展。文化是人类生存发展过程中所创造的物质和精神财富的总和。一种文化的生存和发展，和人类生存下来、发展下去需要和谐的生态环境一样，需要人类通过努力创建一个能与文化共存、发展和谐的生态环境，因此，要重视保护文化的生态环境。生态文明的背后是文化的底蕴与价值的皈依，所以还应该以科学的自然生态学观点深入挖掘厚重的文化内涵和文化价值，从而建设全新的文化生态圈。

在社会方面，习近平总书记明确指出，“生态环境问题，归根到底是资源过度开发、粗放利用、奢侈消费造成的”，揭示了生态问题的社会属性，暗喻建设生态文明的现实责任。所以，我们要坚持走“人与自然和谐共生的现代化”道路，“牢固树立社会主义生态文明观，推动形成人与自然和谐发展现代化建设新格局”。

广西作为石漠化严重的地区之一，其脆弱的生态环境对自身的发展不利。因此，可以转变传统的发展观念，构筑全方位系统协调发展的“大生态观”，即不仅要有良好的自然生态，还要有良好的经济生态、政治生态、文化生态、社会生态。

（2）以“绿色发展”为理念，推进生态产业融合发展

绿色发展是在传统发展基础上的一种模式创新，是建立在生态环境容量和资源承载力的约束条件下，将环境保护作为实现可持续发展重要支柱的一种新型发展模式。绿色发展强调生态与环境也是经济发展的内在要素，追求经济活动过程和结果的“绿色化”与“生态化”。

在资源约束和环境承载力约束的条件下，广西要破解地区发展困境，实现生态环境治理与产业转型升级，其必然选择就是以绿色发展为理念，将生态保护与产业建构相结合，推进生态与产业有机融合，实现生态产业化和产业生态化。

生态产业化是将生态作为一种产业进行适度开发，在生态环境治理过程的同时，注重考虑生态本身的产业价值。生态环境既是自然财富，也是社会财富、经济财富。把生态优势作为

战略资源加以保护和利用，把生态优势作为最大的发展优势加以培植，通过将生态建设与经济社会发展各方面深度融合，使生态环境优势转化为生态农业、生态工业、生态旅游等生态经济优势，有利于实现生态效益、经济效益和社会效益的协调发展。

产业生态化是在区域产业发展定位上，坚持绿色、循环、低碳导向，发展关联度高、带动力强、绿色低碳环保的产业。经济的发展必须将生态环境保护摆在第一位，产业发展要服从生态环境建设要求，在第一、第二、第三产业中大力推广那些节约资源、环境负面影响小、经济效益高的技术，将生产对环境的干扰降到尽可能的低值。大力调整产业结构，淘汰那些设备陈旧、高物耗、高能耗、污染严重的产业门类，建立资源节约型的经济生产体系；在加快发展第三产业的同时，积极提倡适度消费、绿色消费的观念，建立涵盖第一、第二、第三产业各个领域的“大绿色产业”，从而在产业规范、有序发展中提升生态环境水平。

将生态产业化与产业生态化作为整体提出是石漠化片区面临既要发展经济又要保护环境的背景下的内在要求，两者的提出将资源利用和生态维护放在同等重要的位置，为经济和环境的平衡与互动发展指明了方向。

(3）以生态导向发展（EOD）为模式，引领生态文明建设

EOD（Ecology Oriented Development，生态导向发展）属于绿色发展的高级形态。EOD 模式的重点在于以生态建设作为城市发展的首要任务，以优良的生态基础吸引产业、人口的聚集，以特色产业运营、城市综合开发为支撑，以可持续发展为目标，生态建设与经济发展相互促进。该模式强调了通过利用生态来引导区域开发，这对于高质量发展而言，是一个重要的导向。

新时代的生态建设要从单纯的生态修复和治理层面进一步提升，开展全方位的综合立体化生态文明建设，并融入生态规划、生态修复、环境管路、生态资源运营和环境保护等诸多方面。因此，为了促进广西的可持续发展，要因地制宜，以山地自然环境为主要环境载体，以技

术创新和制度创新为动力，逐步形成区域特色的EOD模式。通过推进生态环境治理与生态旅游、城镇开发等产业融合发展，在不同领域打造标杆示范项目。创建生态文明建设示范区，建设山、水、林、田、湖、草生态保护修复工程，推进与以生态环境质量改善为核心相适应的工程项目实施模式，强化建设与运营统筹，采取在生态环境领域政府和社会资本合作（PPP）模式，实现污染防治攻坚战目标，提高生态环境效益。

（4）以全域生态化建设为推手，做好“大生态”文章

以生态环境为核心，加快全域生态化建设，是广西走绿色发展、绿色转型之路的必然选择。全域生态化建设要求生态建设和发展从制度体系、空间布局、产业结构、生产方式、生活方式等多层面进行全面考量、一体设计。

健全生态文明制度体系。完善生态、资源环境管理制度，明确管护主体，落实管护责任；建立创新资源环境监控制度体系，深入实施区域生态补偿制度；形成创新生态文明市场化机制，建立健全的经济政策，引导更多社会资本投入绿色产业中。

优化生态空间布局。合理构建、优化生态空间布局，引导绿色化开发与保护。在经济发展与生态保护发生矛盾时，坚持生态优先、绿色发展的原则。通过生态功能区划对地区进行生态功能分区，采取不同的调控对策，提升地区生态功能承载力。把山、水、林、田、湖、河作为一个生命共同体，科学画定绿色系统红线、生态保护红线和永久基本农田红线，加强生态系统建设。

加快产业结构的生态转型。走绿色低碳循环之路，加快构建绿色产业体系，发展生态体系指导与要求下的新型产业，丰富其业态，引领产业结构转型成绩。同时改革生产关系，调整分配制度，实现发展的公平公正与共同富裕，以确保生态化建设的公平性。总之，就是要创造并发展新的生态产品类型、业态，并参与分享机制。

促进社会生活生态化。改变社会交往、社会关系、社会活动中的价值观念、习俗规则、伦理规范、方式形态等，实现生活方式和消费模式向生态化转变，同时调动和扩大各界人士参

与社会活动特别是生态文明建设的主动性与积极性，更加广泛地发挥社会力量，推动生态文明发展，形成或创造各类社会组织参与生态化建设的机制与环境。

5.3 策略三：大农业

5.3.1 含义与特征

“大农业”的说法是相对“小农业”而言的。小农业是指从事初级产品生产的狭义农业，即种植业。而大农业是指农业产业化形式，不仅包括种植业、林业、畜牧业、渔业和副业 5 种产业形式，还包括产前、产后等产业形式，如产前的农药、化肥等的生产，产后的加工、销售、运输、储存等。大农业实际上贯穿了第一、第二、第三产业，如第一产业的农业生产、第二产业的农产品加工，以及第三产业中近几年兴起的“农家乐”“观光农业”等。大农业与中国几千年来自给自足的传统农业和过去计划经济下的农业有着本质区别，它是市场配置和商品经济下新的农业形式。大农业大幅度延长了产业链与价值链，使农业价值不断增值。

区别于传统的、主要集中在耕地经营的、单一的、平面的小农业，大农业主要具有多功能、开放式、综合性三大特征。

（1）多功能

长期以来，人们都把农业的功能局限在提供物质产品、满足居民的物质需求上。这是传统农业的功能，已经不符合现在的实际情况。当人类从传统农业社会转变为工业化、现代化社会，人们的收入水平和生活水平都有了很大的提高，与此相联系，农业的功能除了可以满足人们的物质需求以外，还可以满足人们的精神需求、文化需求、休闲需求、养生需求、娱乐需求和旅游度假需求等。总结起来，大农业有六大功能：一是日益强化的食物保障功能；二是前景广阔的原料供给功能；三是不断拓展的就业收入功能；四是修复环境的生态保育功能；五是正在崛起的旅游休闲功能；六是承先启后的文化传承功能。

（2）开放式

过去的小农业满足于自给自足，现在的大农业则要面向市场，以市场为导向，以经济效益为中心，以主导产业和产品为重点，实行区域化、专业化、规模化建设以及系列化加工、社会化服务、企业化管理，形成种养加产供销、贸工农、农科教一体化经营。大农业追求农业生产的商品率，农业商品观念替代了自给自足的小农经济观念。

（3）综合性

大农业强调农、林、牧、副、渔全面发展，相互联系、相互促进。综合性发展提倡适度规模经营，注重生态效益、经济效益与社会效益的三效合一，把农业作为一个系统工程来抓，发挥总体的效益。新农业效益观替代了单体经济效益观。

5.3.2 发展路径

（1）拓宽农业多功能，推动第一、第二、第三产业融合

经济发展离不开农业，社会发展初期，农业在社会经济结构中占主导位置，为国民经济的各行各业提供了生产要素中的重要成分。随着工业化的不断发展，农业产出的比重越来越低，为保证社会的稳定发展，开始拓宽农业的功能性。农业通过自身的自然生产和人为的干预，产生自然与经济的双生产模式，使农业具备多功能性，主要表现为它的经济功能、生态功能、文化功能、政治功能和社会功能等，即小农业开始向大农业发展。

当前我国社会主要矛盾已经转化为人民日益增长的美好生活需要和不平衡、不充分的发展之间的关系，当人们的需求水平提高时，单一的农产品就越来越不符合人们的需要，同时人们的精神需求不断显现，越来越重视精神层次的享受，所以，需要从农业衍生出一系列的新型产业。由于地区自然环境的不同，农业的各个功能之间存在着地域差距，通过提炼出各个功能在该地区的主次关系，结合地区发展需要，因地制宜，充分利用其特点促进符合当地发展的第

一、第二、第三产业融合。

广西山地较多，发展传统农业具有局限性，因此，可以转变单一发展模式，将农业与第二、三产业融合。发展农业不再偏重于种养（第一产业），而是以农业生产为核心，逐步向第二产业（如农业加工、食品制造等）和第三产业（农业物流、农业旅游等）进行延伸。如依托丰富的农业资源优势，推动优势特色产业为支撑的现代农业加快发展，促进以农产品加工为标志的第二产业深入发展，带动以休闲农业为重点的第三产业迅猛发展，实现第一、第二、第三产业深度融合发展，打造产业集群。在抓住主要发展方面的同时，实现产业间的衍生效益。

（2）深化农业综合开发，促进农业多层次、深层次发展

农业综合开发的任务是加强农业基础设施和生态建设，提高农业综合生产能力；推进农业和农村经济结构的战略性调整，推进农业产业化经营，提高农业综合效益。从根本上讲，一是寻求大农业的广阔阵地，这就是农业的多层次开发；二是追求大农业的经济效益，这是农业的深层次开发。

农业的多层次开发，就是要眼光放得远、思路打得广，立足当地资源优势，加大投入力度，开发利用一些宜农、宜林的新资源，以适应人口增长和社会经济发展的需要。例如，广西可以凭借山地优势，多层次利用林、茶、果、牧地等资源特色，提高农业综合生产能力，并突出发展优势特色产业，打造全产业链。或者创建“绿色工程”，依托荒山、荒坡、荒地，发展开发性立体种植业，实行集约经营，专业协作。

农业的深层次开发，即以生态高产标准农田建设改造现有的中低产田，提高农产品产量；改善和加强农田水利设施建设，以保证农业的稳定高产；在条件许可的前提下，开发荒地资源，以弥补非农业占地造成的损失；加强农业的水土保持工作，以提高土地生产率。

通过多层次、深层次的农业综合开发，走大农业之路，实现农业三个转变：一是以资源开发为主转向技术开发、产品开发的内涵型生产为主；二是以产量型生产为主转向以质量型、

出口型、创汇型生产为主；三是以小商品生产流通为主转向以大批量生产、大范围流通为主。

（3）构建优势农业平台，发展开放型农业

要发展，首先要突破界限。因此，需要充分发挥地方优势和特点，减弱农业发展对自然条件的依赖，探索符合广西发展的现代农业开放发展新模式。

鼓励农业“走出去”，以多层次、个性化的市场需要为导向，打造特色农业产品。一方面，积极开拓绿色生态有机农产品出口市场和供应基地，按照规范化、标准化、特色化以及国际化的要求，推进高标准农产品出口基地建设。鼓励有条件的地区探索建设出口农产品基地示范区，引导出口企业跨地区发展，到省外、境外建立农产品原料基地，拓展农产品出口原料来源；另一方面，注重特色农产品提品质、创品牌，不断拓展特色农产品的销售渠道和发展空间。着力培育以技术、品牌、质量、服务为核心的农产品出口竞争新优势。

注重农业“引进来”，实现农业集群式、链条化发展。一方面，引入外商投资，推动一批科技含量高、带动能力强的大项目落户，提升出口农产品示范基地、外向型农业示范区、农业合作园区等合作示范基地建设水平，在有条件的县（市）规划建设农业国际合作试验区、农产品加工物流园区以及进口农产品集散中心等，实现内外优势互补、集群发展；另一方面，鼓励农业科技推广、科研单位、研发企业引进境外农林牧渔业优良品种、先进农业装备，以及良种繁育、农产品生产、加工、储藏、保鲜、运销等关键应用技术和高新技术，并且对技术进一步延伸、发展和创新，取长补短，创造出具有自己特色的新技术，走适合自身发展的农业产业现代化道路。

（4）发挥山地优势，延伸农业发展方向

由于农业资源要素的多元性，通过不同方式的资源融合，已经催生出不同发展方向的农业，如适合山地地区发展的农业方向有：有机农业、休闲农业、精品农业、智慧农业等。

有机农业指遵照一定的有机农业生产标准，在生产中不采用基因工程获得的生物及其产物，不使用化学合成的农药、化肥、生长调节剂、饲料添加剂等物质，遵循自然规律和生态学原理，协调种植业和养殖业的平衡，采用一系列可持续发展的农业技术以维持持续稳定的农业生产体系的一种农业生产方式。有机农业的发展可以帮助解决现代农业带来的一系列问题，如严重的土壤侵蚀和土地质量下降，大量使用农药和化肥对环境造成污染和能源的消耗，物种多样性的减少等。以良好的山地生态优势为基础，山地发展有机农业具体包括以下三种措施：

一是推进农业标准化，结合广西山地农业生产特点，制定自治区重点产业特色优质农产品地方标准，推进标准化的实施与示范，大规模开展农业标准化示范创建工作，积极推广安全、高效、实用的生产技术；二是推进有机产品认证，充分利用和发挥我区自然生态、资源优势，积极开展茶叶、稻谷、核桃等有机产品认证，大力推进国家有机产品认证示范区建设；三是推进农业品牌发展，坚持以市场需求为导向，围绕农业优势产业，立足特色食品、果林等产业的发展，大力推进广西名牌产品、地理标志产品申报，打造国家知名品牌示范区。

休闲农业指利用农业景观资源和农业生产条件，发展观光、休闲、旅游的一种新型农业生产经营形态。它可以深度开发农业资源潜力，完善现有的农业结构。山地资源用于休闲农业的开发主要有观光休闲、度假养生、求知探险、科普教育等休闲娱乐项目。

科普教育模式：山区自身拥有丰富的自然资源和人文资源，山地本身就是一个大博物馆，山地资源就是人类最大的知识宝库，利用山地资源可以开展农业科技生态园、农业产品博览园等；地质地貌资源还可以开发休闲农业观光园、地质教育产品等；林地还可以开发生物教育。

度假旅游模式：山地有别于其他旅游地的显著之处就在于它依托自然优美的乡村风景、舒适清新的气候条件、独特的地热温泉等，还可以结合周边的风土人情和特殊的地形地貌特征，开展有利于健身、度假、疗养、保健等多功能的疗养度假旅游产品。

多功能开发模式：主要依托农业产业提升而发展起来的休闲农业类型，它有别于其他依托资源、景区、文化等形式发展休闲农业，主要强调农业生产功能，同时开发出农业生产功能以外的生态、生活、游乐、教育等多种服务功能，满足游客对农业的不同需求。

精品农业不同于平原地区的农业发展方式，山地农业受自然条件（如地形、气候）、生产条件、社会环境等因素的限制，往往难以形成规模化的发展模式，反而适宜走小产区的精品化道路。从农业产业链、农业市场化、农业品牌化三重角度出发，对广西山地精品农业的发展提出以下三种模式：

精品加工模式：以农业产业链的延伸为核心，通过精细化的产品加工，满足品质化消费的需要，适用于有特色、产量大、易于加工的农产品（如坚果类）。

生鲜电商模式：与生鲜电商企业合作，将农产品与市场联系起来，打造面向消费市场的生鲜产品，适用于健康有机、附加值高的生鲜类产品（如水果蔬菜）。

高端定制模式：以“高端定制”农业为核心，促进三次产业融合，打造特色农产品庄园，满足消费群体的个性化需要，适用于具有观赏价值或养生价值突出的高端品类（如茶叶、中药材等）。

智慧农业是农业中的智慧经济，或智慧经济形态在农业中的具体表现。智慧农业通过生产领域的智能化、经营领域的差异性以及服务领域的全方位信息服务，推动农业产业链改造升级；实现农业精细化、高效化与绿色化发展。

实现精细化：一方面，借助科技手段对不同的农业生产对象实施精确化操作，在满足作物生长需要的同时，保障资源节约又避免环境污染；另一方面，实施农业生产环境、生产过程及生产产品的标准化，保障产品安全。

实现高效化：云计算、农业大数据让农业经营者便捷灵活地掌握天气变化数据、市场供需数据、农作物生长数据等，准确判断农作物是否该施肥、浇水或打药，避免了因自然因素造成的产量下降，提高了农业生产对自然环境风险的应对能力；通过智能设施合理安排用工用时、用地，减少劳动力和土地使用成本，促进农业生产组织化，提高劳动生产效率。

实现绿色化：智慧农业作为集保护生态、发展生产为一体的农业生产模式，通过对农业精细化生产，实施测土配方施肥、农药精准科学施用、农业节水灌溉，推动农业废弃物资源化利用，达到合理利用农业资源、减少污染、改善生态环境，既保护好青山绿水，又实现产品绿色安全优质。

5.4 新方向：国家生态农业公园

5.4.1 定义

生态农业是按照生态学原理和经济学原理，运用现代科学技术成果和现代管理手段，以及传统农业的有效经验建立起来的，能获得较高的经济效益、生态效益和社会效益的现代化高效农业。它要求把发展粮食与多种经济作物生产，发展大田种植与林、牧、副、渔业，发展大农业与第二、第三产业结合起来，利用传统农业精华和现代科技成果，通过人工设计生态工程，协调发展与环境之间、资源利用与保护之间的矛盾，形成生态上与经济上两个良性循环，经济、生态、社会三大效益的统一。

国家公园是一种具有世界性的资源保护、利用和管理模式，由政府划定和管理的保护地，以保护具有国家或国际重要意义的自然资源和人文资源及其景观为目的，兼有科研、教育、游憩和社区发展等功能，是实现资源有效保护和合理利用的特定区域。它既不同于严格的自然保护区，也不同于一般的旅游景区。国家公园的建设始终坚持“生态保护第一”的理念。在保护好自然资源的前提下，综合考虑国家公园生态承载力，适度、有限地利用国家公园资源。

国家农业公园作为一种新型的旅游形态，既不同于一般概念的城市公园，又区别于一般的农家乐、乡村游览点和农村民俗观赏园，它是中国乡村休闲和农业观光的升级版，是农业旅游的高端形态。国家农业公园必须以原住民生活区域为核心，涵盖园林化的乡村景观、生态化的郊野田园、景观化的农耕文化、产业化的组织形式、现代化的农业生产，是一个更能体现和谐发展模式、浪漫主义色彩、简约生活理念、返璞归真追求的现代农业园林景观与休闲、度假、游憩、学习相结合的规模化乡村旅游综合体。

国家生态农业公园——以原住民生活区域为核心，涵盖园林化的乡村景观、生态化的郊野田园、景观化的农耕文化、产业化的组织形式、现代化的农业生产，以农业生产景观化、旅游景观农业化为手段，以研究“生产、生活、生态、生命”为核心，发展旅游、农业、生态三者复合的“最美乡村公园经济”，将农区变景区，田园变公园，建设集“游憩、生产、保护、科研、教育”等功能于一体的国家公园体系。

5.4.2 国家生态农业公园与传统公园比较

（1）相似点（表 5-1）

表 5-1 国家生态农业公园与传统公园的相似点

	国家生态农业公园	传统公园
建设方向	需打造优美农业景观	需打造优美自然环境景观
服务主体	游客、农民	游客、市民
管理部门	地方政府管控，企业及农民经营	地方政府管控，企业运营
主导功能	农业及自然风景观光游憩	风景观光游憩
游览方式	农业景区布点布线引导游览	功能分区景点设置引导游览
建设方式	大分散、小集中连片建设	集中连片建设
服务设施	需配套生产及游憩的服务设施，如游客服务、农业加工	需配备管理建筑、游览、休憩、服务、公用建筑

(2) 差异点（表 5-2）

表 5-2 国家生态农业公园与传统公园的差异点

	国家生态农业公园	传统公园
范围差异	以较大的模糊边界为范围	以较小的明确边界为范围
主题差异	以生态农业景观为主题	以优美的环境为主题
功能差异	游憩、生产、保护、科研、教育	游憩功能、改善环境
资源差异	资源具备国家代表性	资源良好、环境优美
保护差异	分级分区划定保护区	以绿线控制来保护
建设主体	政府、企业、社区居民共同建设	以政府建设为主导
开发目的	对社区居民的生产生活与环境条件的改善有促进作用	以创造优美的绿色自然环境为基本任务

5.4.3 发展路径

(1) 以特色的农业景观为基础打造如诗如画的田园

依托石漠化地区独特的地质地貌景观特征、优美的山水生态环境，在保护的前提下，彰显田园特色，促进乡村规模化、特色化田园发展（图 5-1）。同时，结合旅游开发，通过乡村旅游产业化道路最终实现美丽乡村。

(2) 以生态保护与修复为方向主打造生态保育的林园

针对滇桂黔喀斯特石漠化片区，保护和修复自然生态环境、因地制宜地发展不影响主体功能定位的生态、农业及旅游产业，成为珠江流域的生态屏障（图 5-2）。

图 5-1 田园建构示意图

图 5-2 林园建构示意图

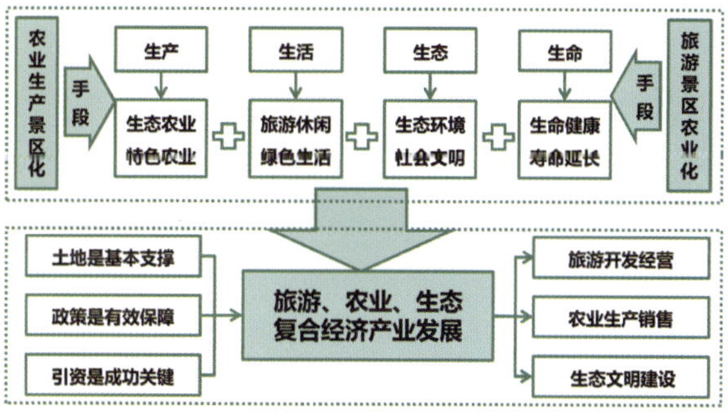

图 5-3 产园构建示意图

图 5-4 公园构建示意图

（3）以生态农业发展为模式打造融合发展的产园

依托环境友好型的生态农业发展模式，以农业生产景观化、旅游景观农业化为手段，以研究“生产、生活、生态、生命”为核心，发展旅游、农业、生态三者复合的“最美乡村公园经济”（图 5-3）。

（4）以景区化为理念打造全域美景的公园

以景区化的理念创建全域优美环境，以园林化标准扮靓乡村田园，将农区变景区，田园变花园，打造覆盖全域的大景区，呈现处处是景观、村村是景点的风貌，让本地百姓居住于风景中，让外地游客流连于美丽画卷里（图 5-4）。

下篇 规划与实践

——凤山县国家生态农业公园规划实践

以广西石漠化地区的典型代表——凤山县为例，提出“生态农业公园”的构想。依托优质的资源条件，以园区、景区、农区及林区为建设载体，融合旅游开发、农业生产及生态文明建设为一体，成为西南岩溶地区石漠化综合治理的示范区、全县域范围建设的新型公园形态，构筑凤山绿色发展之梦。

6．绿色之梦

凤山县位于广西壮族自治区西北部，地处云贵高原南部边缘地带，地势由西北向东南倾斜，山多地少，属于典型的喀斯特岩溶地貌，地质奇观异常突出，有世界地质公园之称。但是，喀斯特岩溶地貌的典型发育也为凤山县带来了数万公顷的石漠化土地，制约着经济社会的发展，也给生态环境带来了威胁。

2016 年，凤山县县委、县政府大胆结合地方发展实际与需求，提出创建国家生态农业公园构想，建设全国第一个县域范围的“国家生态农业公园”，以农业生产景观化、旅游景观农业化为手段，研究“生产、生活、生态、生命”为核心，发展农业、生态、旅游三者复合的最美县域公园经济，将石山变青山，将农区变景区，田园变公园，建设集“保护、科研、教育、生产、游憩”等功能于一体的生态农业公园体系，力求走出一条石漠化综合治理的绿色发展之路。

图 6-1 公园构建示意图

6.1 创新发展思路

6.1.1 服务三圈，搭建平台

国家生态农业公园立足广西，以巴马长寿养生国际旅游度假区、桂西资源富集区及左右江革命老区为基础，以华南经济圈、西南经济圈及东盟经济圈为联动，最终实现辐射全国乃至“一带一路”沿线国家，提供特色农产品、生态休闲旅游产品等服务。同时开放市场，通过集业、集市、集流，吸引各方资金、各方力量投入凤山建设中。

搭建城乡一体化建设平台，通过全域化建设公园，推动城镇和乡村的建设，以引导生产、开发旅游、建设生态文明为理念，以点式网络布局将各项建设深入各个区域，实现产业、城镇和乡村的共荣发展，实现城乡统筹推进，人居环境质量提高，促进人与自然的和谐发展。

6.1.2 八大功能，集合构建

在“立足广西、服务三圈、面向全国”的基础上，构建生产、居住、游憩、保育、商贸、科教、养生、社区发展八大功能，打造宜农、宜居、宜游、宜林、宜商、宜学、宜养、宜业的公园。

生产：生态农业生产是发展基础，引导农民开展各种特色农业的生产，是解决农民增收的途径，开发休闲旅游的基础。

居住：以提升生活品质及精神需求为目的，打造优美的居住环境。

游憩：依托优越的景观资源、生态农业休闲环境和养生度假环境，提供以游览观光、休闲农业、疗养度假为主题的旅游产品。

保育：保护地质遗迹、环境资源，培育国家生态公益林，治理石漠化土地，建设西江流域生态屏障。

商贸：构建“生产、交易、流通”三位一体的产业链，开展特色农产品的线上线下商贸服务。

科教：针对地质奇观、生态农业开展科学研究与科普教育，将生态文明教育融入公园建设中。

养生：依托自然的生态环境，为众多的养生养老群体提供一个适宜的场所。

社区：积极引导当地居民发展生产，开发旅游，促进本地就业，引导就地城镇化，同时开展乡村建设等内容，推进当地的社会经济发展。

6.1.3 六大策略，战略指引

（1）特色引领，分区建设

以良好的生态环境及资源特色为基础，按照“立足资源、发挥优势、彰显特色”的原则，培育不同主题、不同特色的功能区，以园区建设为载体，结合旅游开发、生态文明、生产示范等类型的项目建设，以点带面推进公园的全面建设。

（2）主题突出，县域全景

将整个县域作为一个大公园建设，亦景亦县，成为凤山新型城镇化的手段，同时结合市场需求打造主题特色品牌，使农产品、休闲农业及乡村旅游充分体现其生态价值、品牌效用。

（3）典型示范，产业带动

坚持把发展旅游业、特色农业作为凤山县脱贫致富的重要途径，坚持通过建设特色种养产业、旅游扶贫、农副产品加工等产业示范项目，充分发挥示范效应，引导农民致富。

（4）景城一体，统筹协调

营造全域景观风貌，综合统筹建设交通、农业电网、农田水利灌溉工程设施、城乡社会发展引导等内容，从基础设施及社会环境上保障公园建设的顺利推进。

（5）生态文明，绿色发展

改善凤山石漠化环境，坚持将石漠化治理融入公园各个方面的建设，大力发展林业立体种植，培育林下循环经济，将石山荒山转变为金山银山，走生态良好的绿色发展之路。

（6）有序部署，整合推进

以项目为抓手，五年一个小跨越，十年一个大推进，十五年重塑凤山县发展格局，分区域、分梯次、分类别，稳步推进凤山国家生态农业公园建设。

6.2 树立发展目标

实现“大公园、大生态、大农业”，成为全国范围内生态农业生产环境最好、养生度假

图 6-2 同乐梯田风光

图 6-3 八角林区风光

生态环境最优的国家知名生态农业旅游目的地。

大公园：依托凤山县独特的地貌景观，将农业生产与景观营造相结合，景区化农田、荒山乡村田园，将农田变农园、荒山变彩林、农村变农庄，打造全国第一个县域范围建设的 5A 级景区，使其成为最美丽的农业公园。

大生态：坚守生态底线，治理保护并重，分区、分级、分对象设立保护方法，全面开展治理石漠化，将石漠化治理与立体生态种植相结合，将石漠化山区转变为林下种植生产示范基地，打造国家级生态文明示范区，使之成为生态保育林园。

大农业：以农业生产景观化、旅游景观农业化为发展理念，大力休闲农业，以休闲农业为核心，推动农业生产与农业加工、乡村旅游的高度融合，加快乡村振兴，打造全国休闲农业与乡村旅游示范县，使之成为产游并重的农园。

图 6-4 正在大棚中劳作的农民

6.3 明晰发展定位

6.3.1 县域范围建设的国家生态农业公园

凤山国家生态农业公园是以生态农业开发为基础，以园区、景区、农区及林区为建设载体，以引导当地社会扶贫攻坚、致富奔小康为根本目标，以建设如诗如画的田园、生态保育的林园、融合发展的产园、幸福安康的家园、全域美景的公园为主要内容，融合旅游开发、农业生产及生态文明建设，打造全国第一个全县域范围建设的新型公园形态。

6.3.2 滇桂黔石漠化治理模范区

全面开展石漠化综合治理，突破凤山经济发展屏障，建立石漠化运行机制，实施全民全县育林造林，提升绿化覆盖率，推进生态修复。优先发展生态友好型产业，开展生态立体种植，建设林业种植生产示范基地，并以生产基地为依托，开展山地旅游，多途径利用价值，创造新的经济增长点，将石山变金山，使之成为滇桂黔石漠化治理模范区。

6.3.3 国家特色农业产业生产示范区

优越的地理位置和生态气候条件造就了当地原生态的油茶和高山核桃，以此为产业基础，打造国家高端木本食用植物油生产基地。

依托得天独厚的富含锌、硒等微量元素的土壤及水质自身优越的生态环境，生产各种桂西北独特的养生农产品，打造国家特色养生农产品生产基地。

凤山县境内各种名贵的中草药品种丰富，民间草药种植历史悠久，中草药养生文化源远流长，以此为产业基础，打造国家养生中草药生产基地。

按照“立足资源、发挥优势、彰显特色”的原则，结合公园现状资源条件，采用选优叠加、综合区划及分类空间推进策略，构建“一核一环两廊，四区推进”下的九大功能区：综合服务区、寿源休闲农业度假区、艺术彩画田园观光区、珍稀植物生态科普区、石漠化特色农业示范区、河谷循环农业展示区、高山养生农业展示区、遗迹探险自驾体验区和石山改造生态保育区。

7. 生态格局

7.1 空间划分方法

7.1.1 选优叠加发展

依据交通干线、山水资源分布及旅游资源分布的特点，在范围内叠加选优，选择能发挥示范作用和极核扩散作用的区域，形成具有辐射效应的主要发展区域，同时主要沿着交通轴扩散，形成发展轴线与节点。

7.1.2 综合区划法

根据自然地理、气候条件、产业分布等特点，综合分析后，结合生态敏感程度，在维护核心资源环境和地貌单元的完整性基础上进行区划，确定各个细分功能区界限。

7.1.3 空间推进法

按照不同区域的资源和发展条件，有针对性地提出重点发展区、突围发展区、优势提升区等的空间推进策略，确定不同区域的发展次序和发展重点。

7.2 组织空间结构

结合凤山县当前资源条件，采用选优叠加、综合区划及分类空间推进策略，依托东西方向的 G357 和南北方向的 G243 两大交通干线构建发展轴线，两轴交点以凤城镇作为核心，构建“一核一环两廊，四区推进”的点线面多层次发展格局。

一核：综合服务核心。

一环：旅游交通发展环。

两廊：沿 G243、G357 国道打造南北景观廊道和东西景观廊道，沿廊道提升公路景观绿化、塑造可视范围内的农业景观，推进沿线乡村旅游点的建设。

四区推进：南部重点发展区域、中部优势提升区域、西部突围发展区域、北部生态保育区域。

7.3 规划功能分区

在规划结构的基础上，依托现状资源，提取不同的主题，将公园划分为综合服务区、寿源休闲农业度假区、艺术彩画田园观光区、珍稀植物生态科普区、石漠化特色农业示范区、河谷循环农业展示区、高山养生农业展示区、遗迹探险自驾体验区和石山改造生态保育区九大功能区。

7.3.1 综合服务区

（1）发展条件

服务区位于凤山县核心位置，地跨乔音乡南部和凤城镇中北部，国道 G243、G357 与省道 S218 交会于此，拥有凤山县城、世界地质公园博物馆、穿龙岩景区、鸳鸯泉景区，具有较

图 7-1 凤山县城全貌

丰富的旅游资源和一定的旅游服务接待能力，同时也是凤山县农产品资源主要消费市场的加工集散中心。

（2）发展定位

景园联动，县城崛起。围绕县城中心建立生产示范基地，建设规模化、标准化的综合农产品加工服务区，提升旅游接待服务能力，打造区域化综合服务区。

图7-2 穿龙岩石刻

（3）规模与投资

总规模 43.08 平方千米，总投资约 58.02 亿元。

（4）园区设置

县城综合服务园区、鸳鸯湖生态园区、松仁生态农业生产示范园区、农产品综合加工园区、油茶综合开发示范园区、优质肉牛养殖示范园区，见表 7-1。

表 7-1 综合服务区六大园区信息表

园区名称	规模（hm^2）	性质及定位	建设项目	投资（万元）
县城综合服务园区	494	以科学考察、科普展示、旅游接待服务、文化体验为主的服务综合区	凤山游客集散中心 世界地质公园博物馆 新芒果龙城旅游度假区	126 200
鸳鸯湖生态园区	1279	集地质观光、文化创意展示与体验、休闲度假于一体的地质文化景区	鸳鸯文化主题公园 地质遗迹探险基地 仁寿仙居农耕小镇 兴隆原生态桑蚕基地	263 500
松仁生态农业生产示范园区	1047	以生态农产品生产为主，兼良种繁育、农耕文化体验、休闲旅游的农业生产示范园	松仁民俗文化旅游景区 松仁原生态观光农业园 松仁立体林园	133 800
农产品综合加工园区	281	以农产品标准化加工、推广、运输为主，兼有名优品种繁育、展示的综合加工园区	农产品综合加工基地 巴烈农批大市场 中心物流基地	50 000
油茶综合开发示范园区	487	以优质油茶繁育、种植、茶油加工为主，兼有养生油茶文化体验、休闲娱乐的综合生产示范园区	优质油茶种植基地 原生态茶油加工基地	6000
优质肉牛养殖示范园区	720	优质的畜牧产品繁育、标准化养殖示范园区	优质肉牛养殖示范基地	650

7.3.2 寿源休闲农业度假区

（1）发展条件

度假区位于凤山县南部，与巴马县相接，为凤山县南部入口门户区，跨越三门海镇西部与凤城镇南部，国道 G243 由南至北贯穿整个地区，沿线分布了三门海景区、良利林场、恒里暗滩和红军岩景区等旅游资源。

图 7-3 三门海景区风光

（2）发展定位

长寿之源，凤山名片。融合长寿文化，引入休闲农业，拓展三门海景区内涵，打造凤山县旅游示范核心，建设国际化养生旅游度假区。

（3）规模与投资

总规模 33.92 平方千米，总投资 23.04 亿元。

（4）园区设置

三门海寿源观光休闲农业园区、良利迷雾森林园区、仁安花漾园区、京里休闲农业园区，见表 7-2。

表 7-2 寿源休闲农业度假区四大园区信息表

园区名称	规模（hm^2）	性质及定位	建设项目	投资（万元）
三门海寿源观光休闲农业园区	1444	集旅游度假、休闲观光、农业体验、农业生产等多功能于一体的综合休闲农业园	寿源文化体验园 三门海景区 寿源旅游小镇 长寿观光农业园 三门海旅游服务中心	136 200
良利迷雾森林园区	899	集观雾观景、森林游憩、休闲运动、生态养生、农家乐于一体的3A 级森林旅游景区	观雾园 逸群农家乐 良利自驾车营地	50 200
仁安花漾园区	311	集花卉观光、餐饮娱乐、民族风情、文化创意功能的 3A 级生态休闲旅游景区	三花谷观光农业园 仁安艺术庄园	13 000
京里休闲农业园区	738	集红色文化、暗滩探险、乡村休闲于一体的三星级乡村旅游区	红军岩景区 恒里暗滩景区 蔬菜良种繁育示范基地 小坡龙休闲农场	31 020

7.3.3 艺术彩画田园观光区

（1）发展条件

观光区位于凤山县西南部，跨越平乐瑶族乡和江洲瑶族乡，县道从北往南至西贯穿区块大部分地区，可通往凌云、巴马县和三门海景区，交通较便利，有大片农田及平乐水库、阴阳山、江洲地下长廊和仙人桥等旅游资源。

图 7-4 谋爱田园风光

（2）发展定位

大地画坊，创意田园。以创意改造田园，勾勒大地肌理，创建大地景观，追溯农业文明。

图 7-5 良利峰丛

（3）规模与投资

总规模 37.28 平方千米，总投资 21.97 亿元。

（4）园区设置

艺术稻田园区、江洲地质生态园区、梦娥瑶寨风情休闲园区、平乐水库养生园区、那雄茶园区，见表 7-3。

表 7-3 艺术彩画田园观光区五大园区信息表

园区名称	规模（hm^2）	性质及定位	建设项目	投资（万元）
艺术稻田园区	652	集彩色水稻观光、优质水稻生产、农业体验、瑶族人家于一体的三星级农家乐	五谷示范园 艺术农庄 稻海观光农业园	29 400
江洲地质生态园区	1392	融养生地产、地质观光、休闲娱乐、民俗文化于一体的 4A 级旅游景区	阴阳山景区 江洲地质长廊景区 仙人桥景区 江洲农耕小镇	154 000
梦娥瑶寨风情休闲园区	1220	集瑶族风情、奢野狩猎、科普教育及梯田观光于一体的五星级乡村旅游区	平旺狩猎度假庄园 平旺彩梯观光农业园 梦娥蓝靛瑶寨 兰包山羊养殖基地	21 300
平乐水库养生园区	232	集民俗风情、水库观光、养生度假于一体的 3A 级旅游景区	绿荷养生庄园	4500
那雄茶园区	232	集茶叶生产、茶园观光、休闲娱乐、科普教育于一体的三星级乡村旅游区	白毫度假庄园	10 500

7.3.4 珍稀植物生态科普区

（1）发展条件

科普区位于凤山县中西部及西北部，跨越凤城镇西部和金牙瑶族乡东北部，地处天峨县通往凤山县的次入口，是该区域自驾游的必经之地，拥有石马湖景区、凤旁森林公园与久文野生动植物园，是凤山县境内极少数几乎没有石山区的地块。

图 7-6 石马湖景区风光

（2）发展定位

自然馆藏，休闲绿谷。改造久文林场、凤旁林场，还林造林，保护珍稀动植物，构建天然科普观光区。

（3）规模与投资

规模 60.74 平方千米，总投资 13.68 亿元。

（4）园区设置

石马湖趣味园区、桂西北珍稀植物园区、久文休闲生态园区，见表 7-4。

表 7-4 珍稀植物生态科普区三大园区信息表

园区名称	规模(hm^2)	性质及定位	建设项目	投资（万元）
石马湖趣味园区	1436	集石马湖观光、休闲马场、科普教育、露营烧烤于一体的三星级乡村旅游区	石马湖湿地公园 石马湖休闲农场 上牙水果种植基地 东王水稻种植基地	48 570
桂西北珍稀植物园区	2090	集珍贵植物保护、特色森林游赏、森林生态体验、森林避暑养生于一体的 3A 级旅游景区	凤旁林下特种养殖场 铁皮石斛种植基地 凤旁森林公园	51 150
久文休闲生态园区	2548	集动物观赏、森林游憩、科普教育及林下绿色生态养殖于一体的 2A 级旅游区	久文野生动植物园 久文林下黑猪养殖场	51 150

7.3.5 石漠化特色农业示范区

（1）发展条件

示范区位于凤城镇东部地区，凤山县至河池市的主要道路国道 G357 穿行其间，交通条件便利，是凤山县石漠化范围最广、石漠化程度最深的区域，其中的凤凰村是凤山县主要的优质桑蚕丝产地。

（2）发展定位

缤纷花果，生态核桃。探索立体种养模式，树立石漠化贫困山区生态经济可持续发展典范，延伸种植园农业观光体验。

（3）规模与投资

总规模38.58平方千米，总投资6.50亿元。

（4）园区设置

现代特色农业核心示范园区、特色油葵种植示范园区、凤凰桑蚕种养示范园区、特色水果种植示范园区，见表7-5。

图7-7 林兰石漠化改造

表7-5 寿源休闲农业度假区四大园区信息表

园区名称	规模（hm^2）	性质及定位	建设项目	投资（万元）
现代特色农业核心示范园区	2316	为石漠化片区通过种植核桃优化生态环境与系统、提高经济效益的产业示范区	无公害核桃种植示范基地 核桃科研开发中心 核桃联合国度假庄园 食用野菜种植示范基地 七彩田野观光农业园 猕猴及细痣疣螈生态保育园	51 810
特色油葵种植示范园区	492	集田园观光、休闲娱乐、高产油葵种植、优质葵花油加工于一体的油葵产业综合园区	油葵产业综合示范基地	6500
凤凰桑蚕种养示范园区	601	集蚕丝类、桑类产品生产加工为主，兼林下立体养殖、林园观光、休闲娱乐于一体的桑蚕综合产业园区	蚕宝宝休闲农场 桑蚕标准化生产示范基地	3700
特色水果种植示范园区	449	以优质水果标准化种植苗圃培养及技术推广为主，兼有立体林下养殖及农林休闲娱乐功能的种植示范园	特色水果种植示范基地 水果日记观光农业园	3000

7.3.6 河谷循环农业展示区

（1）发展条件

展示区位于凤山县东北部，主要为长洲镇以及砦牙乡南部地区，水资源丰富，土壤肥沃，内有巴英河谷及巴龙水库，是凤山县主要的优质农产品生产地。长洲镇与广西药用植物园合作开展药食兼用有机产品开发，并与电商结成战略联盟。

图 7-8 那老勿里梯田

（2）发展定位

生态稻香，多元循环。全面推动原生态优质水稻种植，塑造如诗如画的生态牧场，推广混合农业，探索多样化的循环农业种养模式。

（3）规模与投资

总规模 69.40 平方千米，总投资 12.46 亿元。

（4）园区设置

优质养生稻种植园区、鱼米稻香园区、长洲生态牧场、十二坡园艺景观度假园区、原生态多彩田园区。

表 7-6 河谷循环农业展示区五大园区信息表

园区名称	规模（hm^2）	性质及定位	建设项目	投资（万元）
优质养生稻种植园区	2590	以推广有机水稻种植为主，兼农事活动体验、田园休闲观光、农科教育推广的粮食生产园区	“百乐粳”优质稻生产示范基地 “巴岗山贡米”生产示范基地 喜悦田园农家乐 优质核桃研发基地 八龙自驾车营地 八龙革命烈士公园	22 000
鱼米稻香园区	2152	集优质水稻、水产生产、农产品综合加工仓储于一体的综合型农业园区	鱼稻混养示范基地 长洲农产品综合加工基地 长洲谷物仓储物流基地	30 800
长洲生态牧场	1044	提供如诗如画的山地牧区景观及游牧生活体验，并提供优质畜牧产品的生态牧场区	悠然牧场度假庄园 特色禽类养殖基地 优质畜类养殖基地	12 100
十二坡园艺景观度假园区	722	融园艺观赏、艺术创作、养生理疗、身心康复、农事体验、餐饮住宿等服务业态于一体的桂西南地区首家园艺景观疗养度假园区	康善行修心养生度假庄园 特晚熟珍珠李种植示范基地	55 000
原生态多彩田园区	432	集富硒蔬菜种植、采摘及美食休闲活动体验、名优品种及农技推广于一体的花园式蔬菜生产园区	富硒蔬菜生产基地 多彩蔬菜采摘农家乐	4700

图 7-9 长洲风光——那乐河瀑布

7.3.7 高山养生农业展示区

（1）发展条件

展示区位于凤山县西北部，北与天峨县相接，包括乔音乡的怀里、大同、合运、巴甲、那王、康里、若里 7 个村。天峨县往凤城镇的县道 X889 由北至南贯穿整个地区，从北至南沿路分布有乔音水库和百乐林场。

图 7-10 乔音水库风光

（2）发展定位

高山药园，养生基地。发展中草药和火麻等长寿养生种植产业，将之建设成为凤山的养生农产品供应基地。

（3）规模与投资

总规模 32.48 平方千米，总投资 11.69 亿元。

（4）园区设置

中草药养生园区、大同长寿养生园区、高山益寿油茶种植示范园区、怀里林下养殖示范园区，见表 7-7。

表 7-7 高山养生农业展示区四大园区信息表

园区名称	规模(hm^2)	性质及定位	建设项目	投资（万元）
中草药养生园区	1068	以中草药文化为主题，集生产种植、养生体验、休闲观光旅游于一体的养生度假胜地	中草药种植基地 中草药文化庄园 瑶浴山庄	63 200
大同长寿养生园区	880	依托优质的环境资源，打造集生产加工、生态旅游休闲、自驾车营地服务于一体的长寿主题养生园区	火麻长寿食品种植基地 森林生态浴 大同自驾车度假营地	45 000
高山益寿油茶种植示范园区	928	以油茶示范种植为主，兼旅游体验、休闲旅游的高山油茶种植示范园区	油茶标准化种植示范基地 古法榨油坊	6200
怀里林下养殖示范园区	372	以生产示范、林下养殖技术研究为主的养殖示范园区	林下禽类养殖示范基地	2500

7.3.8 遗迹探险自驾体验区

（1）发展条件

体验区位于凤山县西北部，西部与凌云县相接，北部与天峨县相接，跨越金牙瑶族乡大部和中亭乡，乐业 - 凤山世界地质公园自北向南贯穿整个区块，内有中亭红色文化村、积善村广阔原始森林和猛干村红枫林等优秀资源。

图 7-11 中亭仙女洞风光

（2）发展定位

遗迹宝库，自驾天堂。合理有序地利用自然遗迹，遗迹保护与区域更新协调发展，搭建探险、自驾体验营地，推进乐业 - 凤山世界地质公园的建设。

（3）规模与投资

总规模 28.84 平方千米，总投资 21.96 亿元。

（4）园区设置

中亭红色文化休闲园区、古生代遗迹园区、凤界森林度假园区、金牙自驾体验园区（表 7-8）。

表 7-8 遗迹探险自驾体验区四大园区信息表

园区名称	规模（hm^2）	性质及定位	建设项目	投资（万元）
中亭红色文化休闲园区	612	以单命遗迹遗址游览、田园观光、人文怀古、乡村休闲为主要功能的红色旅游景区和爱国主义教育基地	土地革命博览园 锦绣中华革命园 中亭自驾车营地 坡立谷观光农业园	63 400
古生代遗迹园区	730	集古生代遗址、地质文化、红枫林于一体的二星级乡村旅游区	杭东古生代教育园 红枫休闲谷 外里养鹅示范基地	83 850
凤界森林度假园区	618	集森林度假、森林养生、休闲游憩、乡村休闲于一体的 3A 级旅游景区	凤巢山庄 森林探秘园 凤界山林农家乐	47 500
金牙自驾体验园区	924	集果蔬生产、水果采摘、乡村休闲、自驾车营地于一体的三星级乡村旅游区	金庄休闲农场 更沙自驾车营地	24 800

7.3.9 石山改造生态保育区

（1）发展条件

保育区位于凤山县北部，与天峨县相接，是凤山县北部入口门户，天峨县往凤城镇的县

图 7-12 凤山红枫美景

道 X890 由北至南贯穿整个地区，从北至南沿路分布有同乐梯田、巴腊猕猴繁育保护区等凤山县知名景点。

图 7-13 巴腊猕猴繁育保护区

（2）发展定位

石漠治理，生态屏障。严抓生态保育和石漠化改造，发展环境治理型农业，推动生产示范及生态乡村旅游的和谐共生。

（3）规模与投资

总规模 53.61 平方千米，总投资 29.95 亿元。

（4）园区设置

巴腊生态休闲观光旅游园区、山油茶种植示范园区、石山改造示范园区、同乐高山梯田观光园区、生态水果种植示范园区、多彩森林度假园区、渔业发展示范园区。

表 7-9 石山改造生态保育区七大园区信息表

园区名称	规模（hm^2）	性质及定位	建设项目	投资（万元）
巴腊生态休闲观光旅游园区	1700	以生态旅游为核心，乡村休闲体验为辅的国家 4A 级景区，四星级乡村旅游区	巴腊猕猴繁育保护区 八仙峒避暑休闲区 巴腊生态乡村旅游休闲农场	223 500
山油茶种植示范园区	1097	集生产示范和加工于一体的山油茶园	山油茶加工基地 山油茶种植示范园	11 000
石山改造示范园区	587	以石漠化片区科研探索、生产发展为主，休闲旅游为辅的石漠化综合治理区	百香果种植示范基地 山葡萄种植示范基地	2800
同乐高山梯田观光园区	662	以休闲观光为主、种植示范为辅的观光园区	梯田观光农业园 优质核桃种植示范基地	15 500
生态水果种植示范园区	556	以生产发展为主、休闲旅游为辅的生态水果生产示范园区	生态水果种植基地	1000
多彩森林度假园区	417	集旅游休闲、观光度假、娱乐探险于一体的乡村旅游目的地	乌桕种植示范基地 森林人家度假村	28 500
渔业发展示范园区	342	集生产发展、旅游休闲、乡村度假、娱乐游憩于一体的渔乡旅游区	趣味渔家休闲农场 优质水产养殖基地	17 200

贯彻落实生态文明、全域旅游、精品农业、绿色发展、乡村振兴等战略，构建风景游赏、生态农业、生态文明、旅游交通、农业设施及城乡发展体系，发展农业、生态、旅游三者复合的最美县域公园经济，将石山变青山，将农区变景区，田园变公园，建设集保护、科研、教育、生产、游憩等功能于一体的生态农业公园体系，力求走出一条石漠化综合治理的绿色发展之路。

8. 体系构建

8.1 风景游赏体系构建

8.1.1 旅游产品构建

基于凤山资源本底和市场需求，构建观光游憩型、乡村体验型、生态养生型以及休闲度假型四大类型旅游产品。塑造“乐游凤山、乐活凤山、乐养凤山、乐居凤山”的旅游主题。

（1）观光游憩型旅游产品

观光游憩型旅游产品包括地质游赏产品和农业观光产品。

地质游赏产品依托三门海、鸳鸯湖、仙人桥等岩溶地质奇观，突出美学观赏价值、科研价值、游憩价值，结合游览步道、解说系统等旅游设施建设，开发地质观光旅游产品、地质科普教育旅游产品、地质探险旅游产品。

农业观光产品以农业种植塑造大地田园景观，包括花卉景观、农田景观、梯田景观、各类种植园景观，以观光、游乐为主要功能，开发农业景观观光旅游产品。

（2）乡村体验型旅游产品

乡村体验型旅游产品包括生态旅游产品、乡村旅游产品。

生态旅游产品依托生态保护区和动植物园的建设，引进生态教育解说系统，突出环境教育功能和保护功能，引起游客对环境的关注，开发陆域生态和水域生态旅游产品。

乡村旅游产品以凤山当地的农家特色餐饮、特色住宿、乡村游憩、民俗风情为资源，以体验乡村农家生活为主题，开展果蔬种养采摘、茶园采摘、垂钓渔猎活动等休闲农事活动，开发乡村体验旅游产品。

（3）生态养生型旅游产品

生态养生型旅游产品包括中药养生产品、森林养生产品。

中药养生产品以中草药种植为依托，延伸产业链，发展中草药展示、中草药体验、药膳加工等产品，以养生、度假为主要功能，开发养生旅游产品。

森林养生产品依托森林资源和森林含氧量高的优势，开发森林氧吧、养生度假木屋等项目，吸引游客到森林进行修心养生、放松身心。

（4）休闲度假型旅游产品

休闲度假型旅游产品包括度假庄园和旅游地产。

度假庄园主要围绕花卉、畜牧、药材、茶叶、木本油料等特色优势产业，以农业度假庄园为主要建设方向，开发高端的、主题明确的庄园游憩活动和休闲度假旅游。

旅游地产以农业度假地产、文化旅游地产、养生旅游地产为主要开发方向，以高端的地产、农业体验活动、文化体验活动及优美的乡村环境为吸引，开发地产类型休闲度假产品。

表 8-1 旅游产品谱系表

园区名称	产品主类	性质及定位	项目支撑
乐游凤山	农业观光	地质观光	三门海景区、鸳鸯文化主题公园、仙人桥景区、阴阳山景区
		地质科普	世界地质公园博物馆、杭东古生代教育园
		地质探险	恒里暗滩景区、江洲地下长廊景区、地质遗迹探险基地
	农业观光	农业景观	稻海观光农业园、七彩田野观光农业园、平旺彩梯观光农业园
乐活凤山	生态旅游	生态科普教育	巴腊猕猴繁育保护区、石马湖湿地公园、久文野生动植物园
	乡村旅游	农家乐	逸群农家乐、喜悦田园农家乐、凤界山林农家乐
		休闲农场	马湖休闲农场、金庄休闲农场
		民俗体验	松仁民俗文化旅游景区、梦娥蓝靛瑶寨
		红色体验	红军岩景区、中亭红军村、土地革命博览园、锦绣中华革命园
乐养凤山	养生旅游	中药养生体验	中草药文化庄园、瑶浴山庄
		森林养生体验	凤旁森林公园、观雾园、森林探秘园、森林生态浴场
乐居凤山	休闲度假	旅游地产	芒果龙城旅游度假区、仁寿仙居农耕小镇、江洲农耕小镇
		度假庄园	核桃联合国度假庄园、悠然牧场度假庄园、白毫度假庄园

8.1.2 旅游线路组织

(1) 区域外部旅游线路组织

依托巴马长寿养生国际旅游区的精品旅游资源，将凤山国家生态农业公园作为旅游区的重要组成部分，组织“东巴凤”旅游金三角游线、北部旅游环线、南部旅游环线三条外部联动旅游线路。

（2）内部游赏线路

依托凤山县域交通，分别以地质游赏、农事观光体验、民俗文化体验为主题组织的内部精品游赏线路、东西向游赏线路、南北向游赏线路 3 条内部游赏线路。

（3）内部主题游赏线路

依托旅游产品体系，规划“乐活 · 活力乡村游”“乐游 · 地质观光游”“乐养 · 养生生态游”“乐居 · 休闲度假游”4 条主题游赏线路。

8.1.3 旅游设施配套

住宿设施方面：公园内住宿设施形成以星级农家乐、乡村民宿、自驾车营地为特色，以星级酒店和社会旅馆为辅，打造特色明显、类型多样的格局。

至 2020 年，将建成 1 个四星级酒店，1 个四星级农家乐；至 2025，将建成 1 个五星级酒店，1 个四星级酒店，1 个五星级农家乐。至 2030，将建成 2 个五星级酒店，2 个四星级酒店，2

表 8-2 住宿接待设施表　　单位：个

年份（年）	酒店			社会旅馆	农家乐			乡村民宿	自驾车营地
	五星	四星	三星		五星	四星	三星		
2020	0	1	2	16	0	1	2	21	2
2025	1	1	4	31	1	1	3	42	4
2030	2	2	5	49	2	2	5	55	6

五星酒店、四星酒店、三星酒店、社会旅馆、五星农家乐、四星农家乐、三星农家乐、乡村民宿及自驾车营地床位数分别按 600、500、400、350、250、200、150、250、250 张计算。

个五星级农家乐。

餐饮设施方面：形成以乡土农家乐为主打，以养生药膳为特色，以餐厅和美食街为辅，打造主题特色突出的餐饮格局。

旅游商品方面：开发以加快推进凤山国家生态农业公园的旅游商品产业化开发为重点，提升旅游商品的本地开发生产能力，培育本地旅游商品研发生产企业，拉长旅游产业链条，着力打造绿色生态特色农产品、长寿养生产品、工艺纪念品 3 类具有凤山特色的旅游商品。

8.1.4 旅游信息服务

结合园区级别和交通布局，构建“1 + 9”旅游咨询服务网络，即 1 个中心，9 个咨询站（1 个 A 级咨询站，5 个 B 级咨询站，3 个 C 级咨询站）。

表 8-3 旅游咨询中心表

咨询站类型	设置所在地	主要服务园区		
		核心园区	重点园区	一般园区
中心站	县城	松仁生态农业生产示范园区	农产品综合加工园区、县城综合服务园区、鸳鸯湖生态园区	高山益寿油茶种植示范园区、油茶综合开发示范园区、优质养生稻种植园区、优质肉牛养殖示范园区、原生态多彩菜园区、久文休闲生态园区、凤凰桑蚕种养示范园区、特色水果种植示范园区、京里休闲农业园区、特色油葵种植示范园区、现代特色农业核心示范园区
A 级咨询站	三门海景区	三门海寿源观光休闲农业园区	梦娥瑶族风情休闲园区	平乐水库养生园区、良利迷雾森林园区、仁安花漾园区

续表

咨询站类型	设置所在地	主要服务园区		
		核心园区	重点园区	一般园区
B级咨询站	江洲瑶族乡人民政府所在地	—	江洲地质生态园区	那雄茶园区
	中亭乡人民政府所在地	—	中亭红色文化休闲园区	凤界森林度假园区、艺术稻田园区
	金牙瑶族乡人民政府所在地		石马湖趣味园区	金牙自驾体验园区、古生代遗迹园区
	若里村	—	巴腊生态休闲观光旅游园区	多彩森林度假园区、大同养生园区、渔业发展示范园区、十二坡园艺景观度假园区
	长洲镇人民政府所在地	—	长洲生态牧场	鱼米稻香园区
C级咨询站	同乐村	—	—	同乐高山梯田观光园区、生态水果示范园区、石山改造示范园区
	乔音乡人民政府所在地	—	—	林下养殖示范园区、中草药养生园区
	岩牙乡人民政府所在地	—	—	石山油茶种植示范园区

8.1.5 旅游形象设计

(1) 旅游形象设计构思

基于对凤山县的地脉、文脉分析，凤山国家生态农业公园的旅游形象定位应突出三个方面:

山水、乡村、绿色、生态交融的天然意境，凤山“长寿之源”的形象和地位，农业、乡村的休闲游赏功能。

通过对国家生态农业公园的旅游形象内容进行概括、提炼、升华，其整体旅游形象被定位为：寿源凤山·画里田园。

（2）旅游形象解读

旅游标识主体设计以中文“凤山”和英文“PARK”构成。其中：

P——犁具代表农业生产，金黄色代表丰收；

A——山林代表自然葱郁，绿色代表生态；

R——农人代表体验生命，红色代表热情；

K——水流代表农村生活，蓝色代表纯净。

通过拟人化手法赋予 P、A、R、K 四个字母不同的含义，体现凤山国家生态农业公园的农业生产、生态环境、天然生活以及乡村体验的复合化功能和“寿源凤山·画里田园”的形象定位。

8.2 生态农业体系构建

以打造“原生态精品农业”为农业发展目标，以“自然的环境、生态的理念、传统的方式、健康的品质”为理念，倡导推广乡野环境的净化、农业生产的清洁化、经济发展的生态化，全面控制化肥、农药的使用，培育品牌农产品，形成高效益的产业化、品牌化发展，构建石漠化片区独特的农业发展路径。

8.2.1 乡镇生态农业发展

依托凤山县 9 个乡镇的农业资源条件，综合考虑生态农业产业整体布局以及乡镇的农业特色，紧扣“原生态精品农业”的发展主题，共绘“一乡一色，一镇一品”的美好蓝图。

表 8-4 乡镇生态农业发展引导表

乡镇名称	生态规模化种（养）农产品	“三品一标”品牌	四季特色农产品	养生体验品
凤城镇	中草药、桑蚕、小耳黑猪、咕松鸡、核桃	地理认证小耳黑猪有机核桃	铁皮石斛、蕨菜、苦菜、核桃、百合、山药、小耳黑猪、香菇、蘑菇	中药养生汤、养生菇干货礼盒、丝绸纪念品、腊制黑山猪、山药保健粉、冰糖雪梨饮、特级铁皮枫斗礼盒、凉拌野菜、核桃粉礼盒
乔音乡	油茶、火麻、中草药、特晚熟珍珠李	地理认证中草药	油茶、火麻、枸杞、沙参、川贝、山葡萄、百香果、特晚熟珍珠李	养生茶油、火麻长寿汤、火麻仁礼盒、名贵中草药礼盒、珍珠李蜜饯
长洲镇	水稻种植、核桃种植	地理认证产品百乐粳	百乐粳、核桃、香椿	百乐养生粳米粥、核桃油、核桃粉、高级香椿真空礼盒
岜牙乡	特晚熟珍珠李、珍稀水产养殖	地理认证珍珠李	特晚熟珍珠李、贡米	乌柏油、珍珠李蜜饯、活泉鱼、稻花鱼
金牙瑶族乡	生态水果、水稻种植	绿色水果	猕猴桃、优质养生稻	养生 100% 原果汁、猕猴桃果干、优质养生稻礼盒
平乐瑶族乡	水稻种植、黑山羊	地理认证墨米	墨米、黑山羊	养生墨米、瑶家五彩饭、原生态绿豆粥、羊肉养生汤
三门海镇	绿色蔬菜、生态水果	绿色蔬菜	白萝卜、枇杷	养生蔬菜汤、养生 100% 原果汁、枇杷膏
中亭乡	特早熟玉米、黑山羊	地理认证玉米	玉米、黑山羊	养生红米、养生玉米粉、羊肉羹
江洲瑶族乡	白毫茶、油茶	地理认证白毫茶	白毫茶、油茶	高级白毫茶礼盒、养生茶油

8.2.2 农业示范基地建设

规划从定量与定性两方面综合考虑，预测建设发展前景，以达到供需平衡、良性循环的发展模式。

生产示范基地的分布强调生产示范基地市场供给的就近选择和覆盖面，避免市场重叠产生的竞争，减少运输途中损耗的运输贮藏的费用，保证农产品的新鲜度，并在保证凤山县内部市场供给的前提下，通过东、南、西、北交通体系网络供给到县域以外更大的农业市场。

根据各地不同的生态环境，因地制宜布局生产示范基地，总计建设 35 个规模化原生态精品农业生产示范基地，分为粮食作物类、花果桑菜类、经济作物类以及牧副渔类。

图 8-1 林下土鸡养殖

图 8-2 林下黑猪养殖

图 8-3 山羊养殖

表 8-5 生态农业示范基地一览表

生产示范基地类别	生产示范基地名称	所处位置	基地供给市场
粮食作物类	五谷示范园	长洲镇百乐村	西部、南部、中部
	“百乐粳”优质稻生产示范基地	长洲镇百乐村	东部、北部、中部
	巴岗山贡米生产示范基地	长洲镇那老村	东部、北部、中部
	鱼稻混养示范基地	砦牙乡平雅村	东部、北部、中部
	东王水稻种植基地	金牙瑶族乡东王村	西部、南部、中部

续表

生产示范基地类别	生产示范基地名称	所处位置	基地供给市场
花果桑、蔬菜类	蔬菜良种繁育示范基地	凤城镇巴烈社区	中部
	食用野菜种植示范基地	凤城镇弄者村	中部
	富硒蔬菜生产基地	长洲镇郎里村	东部、北部
	兴隆原生态桑蚕基地	凤城镇兴隆村	中部
	桑蚕标准化生产示范基地	凤城镇凤凰村	中部
	特色水果种植示范基地	凤城镇拉仁村	中部
	特晚熟珍珠李种植示范基地	砦牙乡板叶村	东部、北部、中部
	上牙水果种植基地	金牙瑶族乡上牙村	西部、中部
	生态水果种植基地	乔音乡文里村、板吉村	北部、中部
	百香果种植示范基地	乔音乡板吉村	北部、中部
	山葡萄种植示范基地	乔音乡龙相村	北部、中部
经济作物类	无公害核桃种植示范基地	凤城镇弄者村	中部
	优质核桃研发基地	长洲镇百乐村	东部、北部
	石山优质核桃种植示范基地	乔音乡同乐村	北部
	优质油茶种植基地	乔音乡上林村	北部
	油茶标准化种植示范基地	乔音乡康里村、若里村	北部
	石山油茶种植、示范园	砦牙乡板隆村	东部、北部
	火麻长寿食品种植基地	乔音乡大同村	北部
	中草药种植基地	乔音乡合运村	北部
	铁皮石斛种植基地	凤城镇凤旁林场	中部
	油葵产业综合示范基地	凤城镇长峒村、拉仁村	中部
	乌桕种植示范基地	砦牙乡弄怀村、泗务村	县域以及县域外

续表

生产示范基地类别	生产示范基地名称	所处位置	基地供给市场
牧副渔类	特色禽类养殖基地	凤城镇坡桃林场	中部
	林下禽类养殖示范基地	乔音乡怀里村	北部
	外里养鹅示范基地	金牙瑶族乡外里村	西部
	优质肉牛养殖示范基地	乔音乡老里村、久加村	北部
	兰包山羊养殖基地	平乐瑶族乡兰包村	西部、南部
	优质畜类养殖基地	凤城镇坡桃林场	中部
	林下畜类养殖示范基地	乔音乡怀里村	北部
	久文林下黑猪养殖场	凤城镇久文林场	中部
	凤旁林下特种养殖场	凤城镇凤旁林场	中部
	珍稀水产养殖基地	砦牙乡拉英村	东部、北部

（注：东部、西部、南部、北部、中部分别指凤山县县域内的不同区域）

8.2.3 生态农业设施配套

(1) 研发与监控

依托广西农业科学院、广西药用植物园、广西蚕业科学研究院、广西林业科学研究院等科研机构的协助成立凤山农业科技协会，建设农业研究所、质量监测站、疾病防控中心、优良品种培育中心等农业技术科研机构。加快农业技术和品种培育的研究，加强农民技术培训，充分发挥农业科技的引领作用。

(2) 农产品加工

结合凤山县的生产示范基地布局，设置 1 个综合加工园区、1 个传统加工坊、2 个综合农

表 8-6 科研机构项目表

类型	名称	地点	技术依托单位
科研类型	生态农业研究所	凤山县城	广西农业科学院 广西大学（农学院、林学院） 广西药用植物园
培育类型	林下种养殖研发中心	凤旁林场、久文林场、坡桃林场	广西农业科学院 广西大学（动科院、林学院） 广西药用植物园
	蔬菜良种繁育示范基地	巴烈社区	广西农业科学院
	桑蚕优良品种培育中心	凤凰村	广西蚕业科学研究院
	坡作核桃研发中心（现状）	坡作村	广西大学、广西林业科学研究院
	核桃科研开发中心	弄者村	广西大学、广西林业科学研究院
	核桃研发基地	百乐村	广西大学、广西林业科学研究院
	油茶优良品种培育中心	若里村	广西大学、广西林业科学研究院
	禽畜优良品种培育中心	长洲村	广西大学动科院
监测类型	农产品质量安全监测站（9 个）	8 个乡镇中心、弄者村	广西大学（动科院、农学院）
	凤山县农产品质量安全监测中心（凤山县动物疫病防控中心）	凤阳社区	广西大学（动科院、农学院）

产品加工基地、3 个特色农产品加工基地，保留现有 2 个加工企业。针对不同的加工需求，将加工模式分为就地加工模式下的观光工厂以及集中加工模式下的品牌工厂。

1 个综合加工园区：依托凤城镇的交通、市场等便利条件，在凤城镇巴烈社区建设集育种、种养殖、产品加工、物流仓储、销售等为一体的农产品综合加工园。

1个传统加工坊：依托康里村油茶种植示范基地，沿用传统的压榨工艺，建设古法榨油坊，传承古老传统的同时为游客传统加工坊的参观体验。

2个综合农产品加工基地：依托巴旁村、长洲村周边的畜牧渔养殖场以及丰富的生态食料，推进加工环节的标准化，建设综合农产品加工基地，开展禽畜肉类、木本油料、花果、谷物、

表8-7 农副产品加工基地项目表

名称	地点	发展类型	规模	性质
巴烈农产品综合加工园区	巴烈社区	集农产品综合加工基地、蔬菜良种繁育示范基地、巴烈农批大市场、中心物流基地等于一体的综合型加工园区	$100hm^2$	新建
巴烈农产品综合加工基地	巴烈社区	木本油料、禽畜肉类、谷物、花果、工艺品等综合加工	10万吨	新建
上林原生态茶油加工基地	上林村	茶油加工	5000吨	新建
长洲农产品综合加工基地	长洲村	禽畜肉类、花果等综合加工	20万吨	新建
弄者特色农产品加工基地	弄者村	核桃食品、特色农产品及工艺品加工	1000吨	新建
康里古法榨油坊	康里村	传统的油茶压榨方式加工	1000吨	新建
板隆石山油茶加工基地	板隆村	油茶加工	5000吨	新建
凤山县缫丝厂	凤城镇	桑蚕加工	—	新建
宏宇木业	凤城镇	木材加工	—	现状

工艺品等综合加工。

3个特色农产品加工基地：针对油茶、核桃等特色生态农产品，建立特色生态农产品加工基地。针对桑蚕、绿色水果、油葵等产品，建设观光工坊，根据游客需求进行就地加工。

2个现有加工企业：保留凤城镇现有的凤山县剿丝厂和宏宇木业，分别进行桑蚕加工以及木材加工。

（3）农产品流通

为满足物流与仓储的需求，实现仓储物流基地与电子商务平台无缝对接、仓储物流基地与加工基地无缝对接，提高商品配送率，根据凤山产业园区布局，构建“1 + 5 + 1”的仓储物流基地格局，形成多层次的农村物流配送体系。

1个中心物流基地：结合长洲谷物仓储物流基地与巴烈农产品综合加工园区共同建设中心仓储物流基地。

5个专项物流基地：长洲谷物仓储物流基地结合长洲农产品综合加工基地共同建设；弄者花果仓储物流基地结合弄者特色农产品加工基地共同建设；乔音中草药仓储物流基地、月里特色农产品仓储物流基地和中亭粮食仓储物流基地分别在合运村、月里村和中亭村结合农产品产地等单独建设。

1个网络电子商务平台：“凤山之村”网络电子商务平台。在凤山县的9个乡镇政府所在地建设各自乡镇的农产品电子商务物流配送中心。

（4）农产品销售

以传统销售结合电子商务的模式，构建三类销售模式，实现买卖双赢。

CSA社区直供模式。采用“基地—餐桌”或“基地—观光园区—餐桌”的服务销售模式，实现农产品到消费者只经一手，从田间到餐桌只经一环的销售模式，减少中间环节和流通成本，

表 8-8 农产品仓储物流项目表

项目名称	建设规模(hm^2)	建设选址
凤城镇中心物流基地	30	巴烈社区
长洲谷物仓储物流基地	10	百乐村
弄者花果仓储物流基地	10	弄者村
乔音中草药仓储物流基地	10	合运村
中亭粮食仓储物流基地	10	中亭村
月里特色农产品仓储物流基地	10	月里村
凤城农产品电子商务物流配送中心	—	凤阳社区
三门海农产品电子商务物流配送中心	—	月里村
长洲农产品电子商务物流配送中心	—	长洲村
江洲农产品电子商务物流配送中心	—	江洲村
平乐农产品电子商务物流配送中心	—	力那村
金牙农产品电子商务物流配送中心	—	上牙村
中亭农产品电子商务物流配送中心	—	中亭村
乔音农产品电子商务物流配送中心	—	那王村
砦牙农产品电子商务物流配送中心	—	砦牙村

为产品生产方解决销售通路。

农民电商（微商）销售模式。农民作为初级生产者，存在销售渠道窄、品牌推广难的问题，因此，规划打造“凤山之村”农民电子商务平台，通过互联网帮助农民快速营销产品品牌，实现与消费者无缝对接。

专业合作社＋产品经纪人＋批发市场模式。通过促进专业合作社的建立和完善实现市场对接，争取两个群体，打响两个市场。第一，以乡村旅游为依托，倡导产地消费。第二，以高端消费人群为突破，通过优质农产品、优质服务、优质客户群来对接高端市场。

8.2.4 生态农副产品生产

（1）农副产品类

根据农业产业分类及凤山特色农业产业，规划将凤山农业产业分为花果、蔬（野）菜、粮食作物、林木、畜牧渔五大类，并对每个类型提出不同的加工产品及旅游体验产品，并明确产品生产地点，构建丰富多样的农副产品体系。

图 8-4 凤山核桃礼盒

表 8-9 花果加工产品表

生态农产品	加工产品	旅游体验品	生产点
百香果	果汁、果酒	丛林百香饮品	拉仁村、板吉村
甜橙	果汁、饮料	甜橙精油、礼盒	长峒村
特晚熟珍珠李	果品、果干	礼品、珍珠李蜜饯	文里村、板吉村
桑蚕	蚕丝绸	丝绸纪念品	凤凰村
向日葵	葵花子	向日葵夹心饼干	月里村、坡心村
鲜花	鲜花糕点、鲜花饮品	鲜花饼、精油	仁安村
绿色水果	果品、果汁	保健饮料、果干	金庄村、松仁村、月里村、坡心村
山葡萄	山葡萄汁	山葡萄酒	龙相村
油菜花	菜籽油、菜籽粕	油菜花粉、鲜花饼	江洲村
绿色蔬菜	蔬菜粉、蔬菜汁、蔬菜干	养生蔬菜汤	京里村
野菜	野菜速冻、缸藏、干制	养生野菜汤	弄者村

表 8-10 蔬（野）菜加工产品表

生态农产品	加工产品	旅游体验品	生产点
油菜花	菜籽油、菜籽粕	菜花羹	江洲村
绿色蔬菜	蔬菜粉、蔬菜汁、蔬菜干	养生蔬菜汤	京里村
野菜	野菜速冻、缸藏、干制	养生野菜汤	弄者村

表 8-11 粮食作物类加工产品表

生态农产品	加工产品	旅游体验品	生产点
特早熟玉米	玉米油、淀粉、调味料	养生玉米粉	积善村、凤界村
优质养生稻	百乐粳米、巴岗山贡米	五谷养生粥、养生墨米粉、瑶家五彩饭、米酒	百乐村
油葵	油葵仁	油葵油	长洞村

表 8-12 林木类加工产品表

生态农产品	加工产品	旅游体验品	生产点
火麻	火麻粥、火麻豆腐、火麻油	火麻长寿汤、火麻仁礼盒	大同村
石山油茶、高山油茶	茶籽油、茶皂素	养生茶油	上林村、康里村、若里村
中草药	中草药饮片、青草餐	高山珍稀菌、养生汤	合运村
优质核桃	核桃仁、核桃油	养生核桃粉、保健品	弄者村、同乐村、那老村、那乐村
白毫茶	白毫茶叶	绿色生态茶叶礼盒	相圩村
铁皮石斛	铁皮石斛茶	名贵草药礼盒	风旁林场
乌桕	生物柴油、种子油	乌桕油	弄怀村、泗务村

表 8-13 畜牧渔加工产品表

生态农产品	加工产品	旅游体验品	生产点
小耳黑猪	猪肉、腊肠、腊肉	特色烤猪、招牌菜	久文林场
林下咕松鸡	咕松鸡肉、鸡蛋	特色烤鸡、绿色生态美食	凤旁林场
林下黑山羊	羊肉、羊肉干、羊肉松	全羊宴、生态美食	凤界村、兰包村、怀里村
林下优质肉牛	牛肉、牛肉干	优质牛奶、牧野酪饼干	久加村、坡桃林场
优质水产	冷冻品、腌制品	海鲜料理、活泉鱼	平雅村、泗务村
稻花鱼	稻花鱼干	糯米稻花鱼	松仁村

(2) 养生体验品

围绕生态养生的主题，推出二十四节气的养生体验品和特色节气食物。

表 8-14 二十四节气养生体验产品一览表

季节	节气	时令食材	节气食物	部位	伴手礼	主推乡镇	生产示范园区
春	立春	枸杞	枸杞粥	肝	养生枸杞饮礼盒	乔音乡	中草药养生园区
	雨水	山药	山药粥	脾	山药保健粉	凤城镇	核桃产业种植示范园区
	惊蛰	梨	银耳雪梨汤	肝脾	冰糖雪梨饮礼盒	凤城镇	核桃产业种植示范园区
	春分	铁皮石斛	石斛炖鸡	肝	特级铁皮枫斗礼盒	凤城镇	桂西北珍稀植物园区
	清明	蕨菜	凉拌蕨菜	肝肺	蕨菜干礼盒	凤城镇	核桃产业种植示范园区
	谷雨	香椿	香椿炒蛋	脾胃	高级香椿真空礼盒	长洲镇	原生态多彩菜园区

续表

季节	节气	时令食材	节气食物	部位	伴手礼	主推乡镇	生产示范园区
夏	立夏	绿豆	绿豆沙	心	原生态绿豆礼盒	平乐瑶族乡	艺术稻田园区
	小满	苦菜	凉拌苦菜	脾胃肝心	健康苦菜腌制酱	风城镇	核桃产业种植示范园区
	芒种	玉米	玉米粥	脾	养生玉米粥礼盒	中亭乡	凤界森林度假园区
	夏至	粳米	粳米粥	胃	百乐粳礼盒	长洲镇	“百乐粳”优质稻种植示范园区
	小暑	苦瓜	苦瓜鳝鱼汤	筋络、头、肺	减脂降压苦瓜粉礼盒	乔音乡	欢乐自驾体验园区
	大暑	西瓜	西瓜汁	筋络、头、肺	原味西瓜汁礼盒	金牙瑶族乡	金庄自驾体验园区
秋	立秋	核桃	核桃仁	肺	盐焗核桃仁、核桃粉礼盒	风城镇	核桃产业种植示范园区
	处暑	雷公根	雷公根汁	脾胃	雷公根汁礼盒	风城镇	食用野菜种植示范基地
	白露	沙参、川贝	双参酒、川贝甲鱼	胃、肺、头	高级中草药礼盒	乔音乡	中草药养生园区
	秋分	毛蟹	油酱毛蟹	肺	酱螃蟹礼盒	砦牙乡	渔业发展示范园区
	寒露	小耳黑猪	槐花煲猪肠	肺	腊制黑山猪礼盒	风城镇	久文休闲生态园区
	霜降	柿子	柿子饼	肺	柿子	风城镇	特色水果种植示范园区
冬	立冬	黑米	黑米粥	心	养生黑米礼盒	平乐瑶族乡	艺术稻田园区
	小雪	山葡萄	葡萄干	脾胃	山葡萄干礼盒	乔音乡	生态水果示范园区
	大雪	甜橙	橙子炖瘦肉	胃	原生态橙子汁100% 果汁粉	乔音乡	生态水果示范园区
	冬至	白萝卜	羊肉炖白萝卜	肾	萝卜干礼盒	三门海镇	三门海寿源观光休闲农业园区
	小寒	糯米	腊八粥	眼、脾、胃	腊八粥礼盒	风城镇	京里特色农业园区
	大寒	香菇、蘑菇	炒双菇	肾	养生菇干货礼盒	风城镇	食用野菜种植示范基地

8.2.5 生态农业模式推广

（1）猪—沼—菜（粮）模式

结合凤山县百乐粳生产示范基地、贡米等粮食生产示范基地与生态菜园，组建养猪专业合作社，建设猪、沼、厕三位一体的生态养猪场，将猪粪肥引入沼气池，发酵后产生沼气，沼气作为动力能源，将生产基地的废弃作物粉碎后作为猪饲料，而沼液则可作为猪饲料添加，沼渣作为生产基地与菜园的肥料，形成猪—沼—菜（粮）循环。

（2）林果粮—经立体模式

通过林果粮—经立体种植（如玉米—火麻立体种植），充分利用光、热、水、气和肥，减少水土流失，推广林果粮—经济作物，立体种植，延长产业链。

（3）猪—沼—桑生产循环模式

结合桑蚕种养基地，建设沼气池与养猪场，将猪粪肥引入沼气池。晚秋蚕饲养期间，桑园全部套种青菜、包菜或大头菜，将出售后剩余的蔬菜作为猪饲料。粪肥发酵后产生的沼气可作为动力能源。生产基地的废弃秸秆粉碎后可作为猪饲料，而沼液则可作为猪饲料添加，沼渣作为桑园的肥料，形成以桑园为中心的猪粪—沼气—桑园—蚕茧、青饲料—养猪循环。

（4）核桃＋桑（水果）立体模式

利用核桃林下发展桑（水果）立体种植模式，通过利用核桃林下土地资源，从事林下种植桑苗（水果）等立体复合生产经营，使农业和林业资源共享、优势互补、循环相生。

（5）林果＋家禽立体模式

在山坡地发展林果业或林草业，在林地中或果园里建立禽舍，将家禽粪便直接排放到林地或果园。将牧草种在林间空地，以保持水土、减少杂草。收割的牧草则作为家禽的食料，而牧草通过家禽的粪便得到肥料，促进牧草与苗木的生长，从而形成了“林果（草）、家禽养殖单元”相互联系的立体生态农业体系。

(6) 林 + 草 + 猪（牛、鸡）+ 肥模式

核桃树下种苜蓿草，草间养鸡，鸡食草和虫，减少林木病虫害发生。用草养牛，牛粪用作沼气原料生产沼气，沼液通过小流滴管施肥到核桃树，沼渣作为肥料，直接对果树进行根部施肥，满足果树生长需要，实现立体循环发展。

(7) 林 + 药材（菌）立体模式

林 + 药材(菌)立体模式是在未郁闭的用材林、经济林、竹林等林下种植较为耐阴的药材(桔梗、白术、天麻、百合、板蓝根、益母草等）和菌类（平菇、香菇、草菇、木耳等食用菌）。通过间作，林木为药材和食用菌提供适宜的生长条件，林下药材有利于改良土壤、增加肥力、促进林木生长。

8.3 生态文明体系构建

8.3.1 生态保护

建立生态保护体系，将水系及重要道路周边划定为生态廊道保护控制范围；在建立环境质量安全底线和自然资源利用的前提下划定生态红线，划定五大保护控制区，提出水资源开发、旅游资源开发、生物多样性及生态农业生态专项保护要求，形成“点、线、面”全方位生态安全格局。

(1) 廊道保护

绿色廊道：以 G243、G357、X890 道路防护绿地为基础，控制两侧绿带宽度为 10 米，允许建设休闲坐凳、大巴停靠点、观景台、休息驿站等基础设施，禁止建筑物建设。

蓝色廊道：以巴英河、乔音河及盘阳河上游、地下河为基础，控制两侧防护林宽度为 20~50 米，可适当开发绿色农业，允许建设亭廊、坐凳、步道等休憩观景设施，禁止建设建筑物、林下养殖。

（2）生态分级分区保护

生态红线划定区：针对水源涵养林、生物多样性、地质公园、重点旅游区等划定核心保护区、划定生态红线，核心保护区总面积 95.3 平方千米，需严格控制开发建设，允许在不破坏环境的前提下少量开发建设。

特级保护区：针对地质公园遗迹区、生物多样性保护地，划定缓冲带，总面积为 210.2 平方千米，禁止建设大片建筑物，允许建设亭廊、坐凳等休憩设施，可以进行地质科研与生态游览活动。

一级保护区：包含生态保育林场、生态保育区，总面积为 127.7 平方千米，禁止建设大量建筑物及开发房地产等类型建设，允许建设服务性建筑及亭廊、坐凳等休憩设施，可开展生态游览活动。

二级保护区：包含生态农业示范园、生态农业观光园，总面积472.6平方千米，禁止地产建设、商业街建设等，可以进行与农业类相关项目的开发，建设旅游相关服务建筑、农业大棚、景观构筑物等，开展农业旅游。

三级保护区：包含山林生态复育区、农房建设与农业活动区，总面积为 202.6 平方千米，禁止地产、商业建筑建设，允许农房建设、服务性建筑建设、景观构筑物建设，可以开展林下养殖、生态种养殖等。

生态协调区：生态保护区周边的其他区域，总面积 230.4 平方千米，允许符合环境风貌控制要求的相关建设活动。

（3）生态专项保护规划

水资源开发生态保护点：乔音水库、石马水库、巴英河谷、坡心河谷等，进行水源林地保护，开展生态游览与饮用矿泉水开发。

图 8-5 三门海

图 8-6 仙人桥游人如织

旅游资源开发生态保护点：三门海景区、梦娥蓝靛瑶寨、仙人桥景区、同乐梯田观光园区等，允许进行旅游游览设施建设，禁止建设大量建筑，以防对旅游景点与生态环境造成消极影响。

生物多样性生态保护点：巴腊生态休闲观光旅游园区，在保护核心区生物多样性的前提下，禁止进行建筑建设，允许建设生态游览设施，开展科研活动。

生态农业开发保护点：松仁原生态观光农业园、长寿观光农业园、平旺彩梯观光农业园、坡立谷观光农业园、七彩田野观光农业园等，允许进行农业旅游游览设施建设，禁止建设大量建筑，以防对农业用地造成破坏。

8.3.2 生态体系

（1）清洁循环的生态经济体系

建设目标：全面完成单位 GDP 综合能耗下降指标，高附加值、低消耗、低排放的产业结构逐步形成，循环经济形成较大规模，重点企业实施清洁生产比例达到 100%，主要农产品中有机、绿色及无公害产品种植面积的比重大于 65%，农民人均纯收入达 20 000 元，使生态经济成为新的经济增长点。

图 8-7 坡心河风光

表 8-15 生态经济建设指标表

指标		单位	指标值	指标属性
资源产出增加率	二、三级生态保护开发区	%	≥ 15	参考性指标
	一级生态保护区		≥ 18	
	核心与特色生态保护区		≥ 20	
再生资源利用率	二、三级生态保护开发区	%	≥ 50	约束性指标
	一级生态保护区		≥ 65	
	核心与特色生态保护区		≥ 80	
碳排放强度	二、三级生态保护开发区	千克 / 万元	≤ 600	约束性指标
	一级生态保护区		≤ 400	
	核心与特色生态保护区		≤ 300	
单位 GDP 能耗	二、三级生态保护开发区	吨标煤 / 万元	≤ 0.55	约束性指标
	一级生态保护区		≤ 0.45	
	核心与特色生态保护区		≤ 0.35	
农业灌溉水有效利用系数		—	≥ 0.6	参考性指标
节能环保产业增加值占 GDP 比重		%	≥ 6	参考性指标
主要农产品中有机、绿色食品种植面积的比重		%	≥ 60	约束性指标

建设方式：从生产过程的生态化、经济运行模式的生态化、消费方式的生态化三方面进行入手，形成“经济—生态”价值的统一体。

清洁循环的生态经济体系建设内容主要包括以下几个方面：

生态农业基地工程：在具有农业基础的村镇以“企业 + 农户”的方式发展生态蔬菜、生态水稻、生态水果基地等。如在谋爱村建立生态水稻基地，在朗里村打造富硒蔬菜生产基地等，最终在凤山县形成多样化的生态农业基地项目，并以此开展生态农业观光。

低产林（田）改造和高产示范工程：引进经济林高产技术，对现有核桃林、油茶林、板栗林、八角林等进行低产改造，在坡作村打造优质核桃种植基地，在弄怀村、板洞村打造乌桕种植基地，在板隆村打造石山油茶种植基地等，形成一批具有凤山特色的高产经济林示范工程。

林木种苗工程：在松仁村开展果林、经济林等种苗种植基地，包含核桃、八角、特晚熟珍珠李等，实现年产量达到800万株，不仅满足凤山县自身需求，并能为周边县市提供种苗资源。

生态畜牧业养殖基地工程：依托老里村、久加村的优质肉牛养殖示范园区，那兵村的黑山羊养殖基地，坡桃林场、凤旁林场等林下养殖场发展生猪、山羊、肉牛、凤鸡等特色养殖基地。

（2）设施完善的生态旅游体系

建设目标：树立区域开发观念，做好生态旅游产业发展的科学规划，正确处理好保护、建设、发展的关系，严格对旅游资源开发项目进行环境监管。对新建、改建、扩建的旅游开发项目要严格执行环境影响评价和环保“三同时”制度（同时设计、同时施工、同时投产使用），从源头防止和控制项目开发对景区生态环境所造成的破坏。旅游景区的开发，应保持当地原有的自然风貌，禁止任何单位和个人破坏或擅自开发旅游资源。

建设方式：从更新旅游策划理念入手，注入旅游、休闲、示范、教学、培训、商贸的概念，形成一系列集科研、环保、生产、旅游于一体的生态农业旅游景观，加快生态农业与旅游走向健康持续的发展道路。

设施完善的生态旅游体系建设内容主要包括以下几个方面：

景区环境认证工程：开展针对三门海旅游景区、仙人桥景区、阴阳山景区等景区的环境认证工程。

沿路沿河及村屯生态风景林建设项目：开展可视范围内山坡、道路边坡、滨河带、村旁、冬季农闲田及石漠化山区的景观绿化体系建设，打造凤山县生态绿网。

开展饭店的生态化工程和绿色饭店（宾馆）创建工程，使其与生态旅游相符合。

（3）永续利用的生态环境体系

规划从水土保持、石漠化治理、环境污染治理及农村环境污染治理 4 个方面落实生态环境体系建设。

表 8-16 生态环境建设指标表

指标		单位	指标值	指标属性
资源产出增加率	化学需氧量	%	≤ 4.5	约束性指标
	二氧化硫		≤ 3.5	
	氨氮		≤ 0.5	
	氮氧化物		≤ 4.0	
林草覆盖率	山区	%	≥ 80	约束性指标
	平原地区		≥ 20	
污染土壤修复率		%	≥ 80	约束性指标
农业面源污染防治率		%	≥ 98	约束性指标
生态恢复治理率	二、三级生态保护开发区	%	≥ 80	约束性指标
	一级生态保护区		≥ 50	
	核心与特色生态保护区		100	

• 水土保持

水土保持建设目标：通过小流域综合治理，完成一批重点水土保持生态环境建设项目，坚决控制各种新的水土流失的产生，遏制水土流失的发展趋势，建立起完善的水土保持预防监督体系和水土流失动态监测网络，为经济和社会可持续发展创造一个良好的生态环境。力争到 2030 年，全县域水土流失治理率达到 85% 以上。

水土保持的方式：全面实施天然林保护，切实保护现有植被和水土保持设施；实行封育治理和退耕还林相结合，恢复和提高植被覆盖度；针对不同侵蚀类型和土壤、地形、水系的特点，实行工程措施与生物措施相结合，开展以小流域为单元的综合治理；调整土地利用结构，大力改造现有坡耕地，以修建水平梯田为主，结合整治排水系统，加大对 25 度以上的陡坡耕地退耕还林的力度；将防护性治理与开发性治理紧密结合，治理开发农村“四荒”资源。

建设内容：全面实施天然林保护，切实保护现有植被和水土保持设施，实行封育治理和退耕还林相结合，恢复和提高植被覆盖度；开展小流域水土保持综合治理工程，对维新、社更等 13 条小流域的综合开发和水土流失综合治理，并建设田头水柜、集雨水窖等小型、微型水利设施 100 处。

• 石漠化治理

治理目标：通过生物措施、工程措施和管理措施，对全公园石漠化片区进行综合治理，有效遏制石漠化扩展。至 2030 年，全公园石漠化治理率达到 85% 以上。

治理方式：采用生物措施、工程措施和管理措施相结合的办法治理石漠化。采用“山顶封育，山腰种果”的措施，在坡度相对较缓、土壤相对较多的山腰种植核桃等经济林树种。同时，辅以砌墙保土工程、“坡改梯”工程、蓄水工程建设。

治理内容：通过生物措施、工程措施和管理措施，对公园内石漠化地区进行综合治理，有效遏制石漠化扩展。如对石漠化地区较为严重的金牙乡、砦牙乡、平乐乡等进行封山育林，让其逐渐恢复为天然阔叶林，实施面积 3500 公顷，逐步扩展到其他乡镇的石漠化治理；对有水土流失、落石等现象的区域进行石块砌墙保土，形成梯田，再进行林木种植，形成梯田景区，实施面积 7000 公顷。

• 环境污染治理

治理目标："三废"合格处理率达到 100%；消灭劣五类水体，区域三类水质占主体，空气环境质量达到良好以上天数稳定在 95% 以上；工业用水重复率达 100%，废水入网率达 85%，固体废物处置利用率达到 100%。

治理方式：对重点污染源实行在线监测，加大对重大污染源的治理力度；加强固体废弃物和生产生活垃圾处理，医疗垃圾处理站投入运营；加强噪声污染治理，保持噪声环境质量按功能区达标。

治理内容：加强公园节能节水，在居民生活、行政办公，以及商贸和餐饮等行业广泛开展节水节能的技术应用，广泛采用节能节水设备，开展节能节水进社区、进农户活动，并保证区域用水安全。

保证大气环境的安全，相关部门要加强对开发区、房地产业、道路施工和运输等的粉尘和噪声污染的监督管理；建设降噪林带和降噪隔离带，让粉尘滞留在树木上，不至扩散到空气中。

在重点景区和园区组织开展"ISO14000 环境管理系列标准"学习，至 2030 年，成规模园区通过 ISO14000 认证的比例超过 50%。

• 农村环境污染治理

治理目标：农村生活耗能中清洁能源占比达到 70%，农业灌溉水有效利用系数达到 0.7，农作物秸秆综合利用率达到 95%，规模化畜禽养殖场粪便综合利用率达到 97% 以上，农村无害化厕所普及率达到 80%，农村粪便累计无害化处理率达到 80%。

治理方式：建立和完善农业环境保护的投入机制；合理布局畜禽养殖场，治理畜禽养殖场粪便污染；科学合理施用农药、化肥、植物生长调节剂等农用化学物质，治理农村化学污染；使用清洁能源；开展农村卫生厕所改造工程、秸秆综合利用技术工程及农村清洁能源工程，逐步提高凤山县农村环境治理的强度。

治理内容：逐步对全公园 95% 以上的农户开展卫生厕所建设和改造工程，改善农户的日常生活环境；逐步对全公园内的生态农业基地大力推广秸秆还田、氨化、青贮利用技术；对全县域 50% 以上的示范农户开展沼气、太阳能、水电、天然气等清洁能源工程建设，并新建沼气池 10 000 座。

（4）绿色宜居的生态人居体系

表 8-17 生态人居建设指标表

指标		单位	指标值	指标属性
农村环境综合整治率	新建绿色建筑比例	%	≥ 75	参考性指标
	二、三级生态保护开发区		≥ 60	约束性指标
	一级生态保护区		≥ 95	
	核心与特色生态保护区		100	
生态用地比例	二、三级生态保护开发区	%	≥ 45	约束性指标
	一级生态保护区		≥ 65	
	核心与特色生态保护区		≥ 95	
公众对环境质量的满意度		%	≥ 85	约束性指标
生态环保投资占财政收入比例		%	≥ 15	约束性指标

建设目标：城镇布局规划合理完善；城镇生活污水集中处理率达到 85%，农村新社区生活污水收集处理率达 100%，城镇生活垃圾无害化处理率达 90% 以上；城乡绿地系统建设步伐加快，城镇人均公共绿地面积达到 15 平方米，绿地率达到 35% 以上。

建设方式：通过对廊道绿地系统建设、示范村屯城乡风貌改造、旅游村风貌建设，改善公园内农民生产生活条件，并与实施危房改造、污水处理试点、民居风貌整治等结合起来，建设特色城镇和村寨。

绿色宜居的生态人居体系建设内容主要包括以下几个方面：

生态绿廊镇建设示范工程：加强廊道沿线绿地系统与景观建设，尤其是重要交通沿线与水系沿岸的绿化及景观建设，建成景观优美、生态良好的生态廊道。

6 个生态社区示范工程：按照生态社区要求完善社区的庭院绿化、房顶绿化、文化娱乐及健身设施建设，至 2025 年实现 6 个生态社区建设，远期逐步完善其他社区，整体达到生态社区目标。

15 个生态文明村示范乡村风貌建设工程：落实国家生态文明示范村建设，开展村村通工程，加强对农户宅基地规划的规范化，提升村旁绿化，改善厕所卫生及普及清洁能源建设，真正做到生态富民。

13 个旅游型村民居及环境建设示范工程：针对乡村旅游型村庄，整治村庄风貌，引导建设生态环境良优美、生产环境安全、旅游体验丰富的乡村旅游目的地。

（5）文明健康的生态文化体系

建设目标：生态文化研究和生态文明教育不断加强，生态文化宣教普及率达 95%，生态文化载体日趋丰富，绿色生态创建扎实推进；60% 的镇达到国家级生态镇标准、80% 的村达到市级生态村标准、80% 的社区达到市级绿色社区标准、90% 的学校达到绿色学校标准；小学学龄儿童入学率达到 100%，成人识字率达到 95%；城镇及农村养老保险医疗保险覆盖率

8%；生态文明理念深入人心，健康文明的生活方式初步形成，推进生态文明建设的精神支撑更加有力。

表 8-18 生态文化建设指标表

指标	指标值	指标属性
政府采购节能环保产品和环境标志产品所占比例	100%	参考性指标
环境影响评价率及环保竣工验收通过率	100%	约束性指标
环境信息公开率	100%	约束性指标
党政干部参加生态文明培训比例	≥ 15%	参考性指标
生态文明知识普及率	≥ 95%	参考性指标

建设方式：通过全面推广生态环境保护知识普及与教育、传承民族文化、构建生态企业文化建设等方式完善的生态文化氛围。

文明健康的生态文化体系建设内容主要包括以下几个方面：

生态教育标识标牌宣传栏建设：在县域 80% 的园区设置生态教育标识标牌、宣传栏等设施。

创建生态环境教育基地：建设 10 个生态环境教育基地，邀请青少年及游客参与生态文明教育现场教学，定期举办生态科普教育展览及活动等；引导学校定期组织学生到景区或园区内参与植树、农业生产体验、清理公共垃圾、保护母亲河等公益活动，培养学生的绿色文明意识，形成保护环境的责任感和使命感。

历史传统文化发掘、保护和弘扬工程：组织专家学者挖掘民间风俗，要批判性地继承和发扬，对民间风俗进行适当的包装和市场营销，并收集整理民俗风情，汇编成册，在各景区或园区进行发放。

生态企业文化建设工程：组织开展园区及景区现代经营与管理文化培训，积极开展企业ISO14001标准认证学习；加强职工生态意识教育和企业生态文化培训，提高园区、景区及其职工的整体素质。

文化馆和图书阅览室建设工程：针对生态示范性村屯及旅游型村屯，建设文化馆和图书阅览室，完成所有示范性村屯的文化设施建设工程。

科技文化培训和职业技能培训工程：依托生态农业研究所，聘请区内专家实施现场指导、“1 + 1”帮扶工程、农村图书室工程、职业技能培训中心工程和实用技术远程网络教育培训，建设农技推广中心和乡农业技术服务站，结合农民示范户，点对点发展生态农业、旅游开发创业帮扶教育示范基地30个。

8.4 旅游交通体系构建

8.4.1 旅游干线规划

结合《广西普通公路省道网规划》《凤山县“十三五”交通规划》《凤山县县城总体规划（2013—2030）》等相关规划和东巴凤旅游合作与货物运输的要求，对凤山现有公路干线提出改造提升建议，构建“三横三纵一环”的交通干线格局，作为旅游及交通快速通道。

图8-8 凤山公路夜景图

“三横”：构建东兰至罗平高速公路横线、国道G357、省道S218旅游及交通快速通道。

“三纵”：构建巴马至天峨高速公路纵线、国道 G243、X885 旅游及交通快速通道。

“一环”：连接砦牙乡、乔音乡、金牙瑶族乡、中亭乡、平乐瑶族乡、凤城镇、长洲镇 7 个乡镇的环路，提升为二级公路，打造旅游及交通快速环道。

8.4.2 旅游交通规划

（1）通景公路规划

营造良好旅游通行环境，提升主干路与重点景点的通达性，分四级建设 8 条柏油通景公路，道路宽度 7~9 米以上。

表 8-12 通景公路建设表

通景公路	规划公路等级	建设类型	长度（km）
积善村—大洞村—谋爱村	四级	扩建	11
凤旁林场—力那村	四级	扩建	9
兴隆村—弄者村	四级	扩建	10
上牙村—下牙村—陇弄村—柏林村—中亭村	四级	扩建	19
久加村—上林村—才劳村—久文村	四级	扩建	18
百乐村—郎里村—凤凰村	四级	扩建	16
那王村—巴甲村—怀里村	四级	扩建	9
板叶村—久隆村—那老村—百乐村	四级	扩建	14

（2）旅游专线规划

根据县城道路客运和县域公路客运的不同管理特点，设立特色旅游公交及旅游大巴专线。

特色旅游公交专线是在县城范围内运营的旅游专线，依托城区道路，通过城市公共交通的形式针对县城内的旅游景点进行专线组织，主要服务于在凤山县城进行旅游观光的乘客。

旅游大巴专线是在县城范围外和县域范围运营的旅游专线，依托通景公路，通过公路客运大巴的形式对范围内各旅游景点进行专线组织，主要服务于在县域范围进行旅游的乘客，共组织 5 条旅游大巴专线。

表 8-20 旅游大巴专线建设表

路线走向	长度（km）
县城—巴烈社区—恒里村—京里村—良利村—仁安村—坡心村—海亭村—平旺村—兰包村—桑亭村—巴标村—凤平村—江洲村	48
县城—巴旁村—久文村—东王村—六马村—中亭村—柏林村—凤界村—积善村	33
县城——巴旁村—久文村—东王村—上牙村—下牙村	21
县城—松仁村—久加村—那老村—久隆村—大同村—龙相村—板吉村—文里村—同乐村	44
县城—兴隆村—凤凰村—拉仁村—长峒村	19

（3）游客集散中心规划

完善旅游配套设施建设，在县城和三门海景区分别建设凤山游客集散中心、三门海旅游服务中心，分区域集散游客，为游客提供综合服务平台。

（4）自驾车营地规划

依托旅游交通干线及旅游景点，建设 5 个自驾车营地，涉及凤城镇、中亭乡、金牙瑶族乡、乔音乡、长洲镇 5 个乡镇，规模共约 93 公顷，总投资约 2 亿元，主要服务项目包括住宿、露营、越野、休闲、餐饮、娱乐、汽车保养与维护、汽车租赁、度假、户外运动、信息服务、医疗与救援等，为自驾车爱好者提供自助或半自助服务。

表 8-21 游客集散中心建设表

名称	选址	规模（hm^2）
凤山游客集散中心	县城南部	25
三门海旅游服务中心	月里村	16

表 8-22 自驾车营地建设表

名称	等级	选址	规模（hm^2）
良利自驾车营地	三星级汽车旅游营地	良利村	15
八龙自驾车营地	三星级汽车旅游营地	百乐村	13
大同自驾车度假营地	三星级汽车旅游营地	大同村	35
中亭自驾车营地	四星级汽车旅游营地	中亭村	15
更沙自驾车营地	三星级汽车旅游营地	更沙村	15

8.4.3 慢行系统规划

（1）慢行道建设

规划采用不同的建设标准，将慢行道分为乡村型慢行道、公路型慢行道、园区型慢行道 3 类，建立 12 条慢行道路，贯通 60 多个村落，串联 42 个规划园区，园区覆盖率达 100%，慢行系统实现了乡与乡、村与村的连接，全长约 454 千米。

表 8-23 慢行道建设表

建设类型	长度（km）	慢行道走向
乡村型	135	坡心村—海亭村—平旺村—力那村—洪力村—东王村—上牙村—久文林场—才劳村—那王村—巴甲村—合运村—大同村—板峒村—隆梅村—板叶村—平雅村—那乐村—那拉村—长洲村—坡桃林场—长峒村—弄者村—林兰村—仁安村
公路型	29	月里村—坡心村—仁安村—良利村—京里村—恒里村—巴烈社区—凤阳社区
	30	凤界村—柏林村—中亭村—六马村—东王村—久文林场—久文村—凤旁林场—巴旁村—凤阳社区
	32	东王村—上牙村—外里村—大平村—内里村—更沙村—金庄村
	36	那老村—久隆村—大同村—龙相村—板吉村—文里村—同乐村
	38	凤阳社区—松仁村—久加村—百乐村—长洲村—板均村
	17	凤阳社区—凤凰村—拉仁村—长峒村
园区型	48	平旺村—兰包村—桑亭村—巴标村—凤平村—江洲村—相圩村—隆善村—寅亭村—谋爱村—大洞村—积善村
	19	中亭村—柏林村—陇弄村—下牙村—上牙村
	26	久加村—郎里村—额里村—康里村—那王村—巴甲村—怀里村
	20	久隆村—隆梅村—泗务村—砦牙村—板隆村—拉英村
	24	百乐村—郎里村—凤凰村

（2）慢行驿站建设

为方便游客途中休憩和交通换乘，分级配建驿站，驿站根据规模和服务范围分为一级驿站和二级驿站两个层次。

表 8-24 慢行驿站建设表

级别	所在村	所在园区	配置
一级	月里村	三门海寿源观光休闲农业园区	管理中心、服务中心、自驾车营地、自行车租赁点、餐饮点、休憩点、医疗急救点、公共停车场、公厕
	县城	县城综合服务园区	管理中心、服务中心、自驾车营地、自行车租赁点、餐饮点、休憩点、医疗急救点、公共停车场、公厕
	中亭村	中亭红色文化休闲园区	管理中心、服务中心、自驾车营地、自行车租赁点、餐饮点、休憩点、医疗急救点、公共停车场、公厕
	大同村	欢乐自驾体验园区	管理中心、服务中心、自驾车营地、自行车租赁点、餐饮点、休憩点、医疗急救点、公共停车场、公厕
	长洲村	鱼米稻香园区	管理中心、服务中心、自驾车营地、自行车租赁点、餐饮点、休憩点、医疗急救点、公共停车场、公厕
二级	平旺村	梦娥瑶寨风情休闲园区	售卖点、自行车租赁点、停车场、休憩点、医疗急救点及公厕
	江洲村	地质生态园区	售卖点、自行车租赁点、停车场、休憩点、医疗急救点及公厕
	良利村	良利迷雾森林园区	自驾车营地、自行车租赁点、停车场、休憩点、医疗急救点及公厕
	凤界村	凤界森林度假园区	售卖点、自行车租赁点、停车场、休憩点、医疗急救点及公厕
	更沙村	金牙自驾体验园区	自驾车营地、自行车租赁点、停车场、休憩点、医疗急救点及公厕
	那王村	中草药养生园区	售卖点、自行车租赁点、停车场、休憩点、医疗急救点及公厕
	同乐村	同乐高山梯田观光园区	售卖点、自行车租赁点、停车场、休憩点、医疗急救点及公厕
	百乐村	优质养生稻种植园区	自驾车营地、自行车租赁点、停车场、休憩点、医疗急救点及公厕
	砦牙村	石山油茶种植示范园区	售卖点、自行车租赁点、停车场、休憩点、医疗急救点及公厕
	板均村	长洲生态牧场	售卖点、自行车租赁点、停车场、休憩点、医疗急救点及公厕
	拉仁村	缤纷水果种植展示园区	售卖点、自行车租赁点、停车场、休憩点、医疗急救点及公厕

8.5 农业设施体系构建

8.5.1 水利灌溉工程

（1）农田水利工程建设分区

根据水资源条件和开发利用实际情况，遵循地理自然条件与水旱灾害情况的类似性、水利资源与主要水利设施发展方向的一致性、农作物组成基本相同性、流域水系供水系统状况和现有水利设施的完整性 4 个原则，分为 3 个水资源开发利用区：中部丘陵河谷区、南北部峰丛洼地干旱区、西南部岩溶旱涝区。

（2）水利灌溉工程建设

灌区建设规划：根据水资源条件和工程地质，合理新建灌区，并扩建原有其他灌区，充分挖掘现有水利工程潜力，提高水资源利用率，重点建设乔音水库灌区、久合水库灌区、平乐水库灌区、长洲灌区、呰牙灌区 5 个灌区工程。

分区灌溉工程：中部丘陵河谷区，重点发展渠道灌溉节水喷灌工程低压输水管道灌溉工程，重点灌区灌溉保证率达 75%，一般灌区灌溉保证率达 65%；南北部峰丛洼地干旱区，重点发展塘坝、堰坝泵站改造、渠道防渗、排涝和地头水柜建设为主，农田灌溉工程以建设渠道，灌区灌溉保证率达 60%；西南部岩溶旱涝区，重点发展田边地头水柜工程，灌区灌溉保证率达 60%。

改善生产建设条件，配套建设如下水源工程及田间配套工程项目：

骨干水源建设工程：对乔音水库及久河水库进行扩容，并新建上林水库及社更水库。工程共涉及 4 座中小型水库，确保水源安全。

中型灌区建设工程：续建盘阳河中型灌溉区和巴英河中型灌溉区，改造观音河、平乐、石马湖、坡心河等小型灌溉区。

图 8-9 凤山县中亭乡积善村群众在建设水柜

五小水利工程：计划投资 4 亿元大力发展小水窖、小水池、小泵站、小塘坝、小水渠等“五小”水利工程。

中低产田地改造工程：实施中低产田地改造 10 000 公顷。

8.5.2 农业电网工程

保障全县农村的通电率达到 100%，每个园区 10 千伏电线通达率 100%，建设如下工程：

电源方面：扩容现存凤山 110 千伏变电站，新建坡心 110 千伏变电站，接入河池电网，同时结合境内小水电进行上网供电。

变电站方面：根据规划用地布局和负荷增长需求，扩容 110 千伏凤山变电站、35 千伏城南变电站，新建 110 千伏月里变电站，其他沿用现存变电站。

图 8-10 上林风光

表 8-25 变电站建设表

<table>
<tr><th>电站名称</th><th>等级</th><th>容量</th><th>备注</th></tr>
<tr><td>城南变电站</td><td rowspan="2">110 kV</td><td>（1×63000）kVA</td><td>规划扩容</td></tr>
<tr><td>坡心变电站</td><td>（1×25000）kVA</td><td>规划</td></tr>
<tr><td>城南变电站</td><td rowspan="12">35 kV</td><td>（3×12500）kVA</td><td>规划扩容</td></tr>
<tr><td>砦牙变电站</td><td>（1×3150）kVA</td><td rowspan="13">现存</td></tr>
<tr><td>长洲变电站</td><td>（1×4000）kVA</td></tr>
<tr><td>金牙变电站</td><td>（1×5000+1×2000）kVA</td></tr>
<tr><td>金矿变电站</td><td>（1×5000）kVA</td></tr>
<tr><td>袍里变电站</td><td>（1×4000）kVA</td></tr>
<tr><td>江洲变电站</td><td>（1×4000）kVA</td></tr>
<tr><td>林峒变电站</td><td>（1×4000）kVA</td></tr>
<tr><td>乔音变电站</td><td>（1×2000）kVA</td></tr>
<tr><td>中亭变电站</td><td>（1×3150）kVA</td></tr>
<tr><td>平乐变电站</td><td>（1×4000）kVA</td></tr>
<tr><td>砦牙电站电站</td><td>—</td><td>（3×1000）KW</td></tr>
<tr><td>长洲电站电站</td><td>—</td><td>（1×800+1×500）KW</td></tr>
</table>

电力线方面：根据变电所位置选择合理传输路线，保证 110 千伏电力线输送距离为 50~150 千米，35 千伏电力线输送距离为 20~50 千米。保证每个园区都通上 10 千伏电力线，

根据各园区所需电量和当前电力线走向，选择接入各园区的变电站和10千伏电力线传输路线，保证10千伏电力线输送距离为8~15千米。

8.5.3 农业信息工程

为全面推进信息技术在农业生产、经营、管理、服务中的应用，建设农业信息化系统，包括信息资源整合工程、资源共享服务工程、服务体系建设工程、信息技术培训工程。

(1) 信息资源整合工程

县乡两级对电脑农业、数字乡村、金农工程等项目投入的设施进行整合共享，有条件的行政村或示范村进行设施投入。县乡两级电脑普及率达到100%，人均拥有电脑1台。行政村或示范村的电脑普及率达到50%，每村至少有1名合格的信息员。

(2) 资源共享服务工程

县乡村三级通过电信、有线电视传输网并网连接。县级建立性能稳定、资源丰富的数据库共享服务器。以农业基本信息和高水平农业专家知识的采集、归纳和整理，以数据库、知识库建设为重点，开发一批直接面向农业的先进、实用的农业专家系统和信息咨询服务系统。

(3) 服务体系建设工程

发展和建设三类农业信息化科技服务体系平台：第一类是加强专门供领导和管理层决策参考提供服务信息服务体系平台；第二类是为农业科技工作者参考提供科技信息服务体系平台；第三类是为农业生产者、消费者和各类农业企业提供各类实用技术信息服务体系平台。

充分利用凤山县现有信息基础设施，建成不同层次的综合农业科技信息系统，提供农业资源、生产、经济、科技等方面的信息及决策支持方案。逐步建立不同层次的农业动态监测和预警系统，建立农业技术及市场信息服务系统，建立和完善农产品质量监测系统。

（4）信息技术培训工程

县级依托农业广播电视学校，建立农业信息化培训基地，对信息员、农业生产大户、重点项目示范区农民进行信息化运用培训，年培训 1000 人次。

8.6 城乡发展体系构建

8.6.1 景观风貌引导

结合规划结构和功能分区，维护并强化公园县域内的资源特色，突出自然景观与人文景观，形成相互依存、相互提升的“一核、两带、四户、八区”的景观风貌格局，分别对其进行风貌分区设计引导。

“一核”：以凤山县中心城区、凤城镇中心区为主的县城景观风貌核心；

“两带”：两条贯穿凤山县域东西、南北二级路两侧，生态良好、景观和谐、乡土元素明显的公路景观风貌界面；

“四户”：由二级路进入凤山县的 4 个通道门户分别为同乐村，积善村、月里村、长峒村；

“八区”：珍奇秀美、各具特色的 8 个景观风貌区，分别为喀斯特地质风貌区、大地景观风貌区、养生休闲风貌区、高山农林风貌区、石山景观风貌区、特色农业风貌区、河谷农业风貌区、野生植被风貌区。

8.6.2 乡镇发展引导

公园的发展，应以突出每个城镇特色为理念，结合各城镇资源、区位、产业基础等条件，充分发挥各自优势，基本形成“科学布局、注重特色、差异发展、一镇一特色”的乡镇发展格局，推动乡镇向规范化、规模化、品牌化方向发展。

表 8-26 乡镇发展模式引导表

发展模式	乡镇名称	发展特色	主导产业	相关产业
综合服务型	凤城镇	以服务整个公园为主，构建公园旅游、农业、生态等多方面的系统	服务业	旅游业、农业、林业
旅游发展型	三门海镇、江洲瑶族乡、中亭乡、金牙瑶族乡、平乐瑶族乡	以建设级别不同的景观旅游名镇为主要特色	旅游业	服务业、文化产业、农业、林业
产业发展型	长洲镇、乔音乡	发展生态农业型模式，引导地方产业发展	农林牧副渔业	旅游业、加工业
生态培育型	岜牙乡	以生态环境维护为主，可以适当开发生态旅游	林业	旅游业、服务业

8.6.3 乡村发展引导

落实国家建设“美丽乡村”“乡村振兴”的要求，建设一批产业兴旺、生态宜居、乡风文明、治理有效、生活富裕产业支撑、人居环境、社会保障、生活方式等方面都由“乡”转为“城”的农村社区，推进“农村城镇化、农民市民化、农业多产化”，拉近城乡差距、促进城乡一体化。

遵循交通沿线、产业类型的原则，根据村庄的发展条件，将村庄分为产业培育型、门户印象型、旅游主导型、生态文明建设型进行分类建设，分类构建经济、环境生态、社会、文化全方位发展的新农村社区。

（1）产业培育型村庄

以培育农业为目标，用科技化、品牌化的手段促进农业结构优化升级；以市场为主导，用规模化、标准化、工业化理念改造提升传统产业，形成产、加、销、贸一体化经营的发展方式，

图 8-11 月里风光

图 8-12 京里村风光

积极创建龙头企业，推行农业品牌，引导经济合作组织，打造基地化生产、市场化经营，龙头带基地、基地连农户的格局。

（2）门户印象型村庄

选取位于凤山县主要交通干道入口处的门户村庄进行建设，以“凤山印象”为主题打造门户村的门户形象，重点推进农村风貌塑造及环境治理工程，突出乡村风貌、传承乡村文化、保留乡土气息，体现凤山乡村特色和民族特色，配套相应的住宿餐饮和购物娱乐设施，打造“凤韵乡村”。

（3）旅游主导型村庄

重点发展休闲农业和乡村旅游业，鼓励居民利用自身住房开展农家古城内旅游，规范村庄的旅游管理，努力建成特色鲜明、经济发展、环境优美、社会稳定、管理民主、宜居宜游的新农村。

（4）生态文明建设型村庄

保留农村生活形态，建设一批田园化居住环境的村庄。村庄配备健全的文教卫体设施，达到道路硬化、通水电、通电话与有线电视的基本要求，并建立垃圾收集处理长效机制、推进生活污水处理达标排放、人居与畜禽养殖分离等多项工作，实现人居环境明显改善，打造凤山县的后花园。

图 8-13 同乐村风光

图 8-14 中亭村风光

图 8-15 猛干村风光

表 8-27 村庄发展模式引导表

类型	选址	规模(hm²)	数量
产业培育型	登亭村、谋爱村、京里村、久加村、金庄村、东王村、上牙村、上林村、凤凰村、拉仁村、那老村、板叶村、百乐村、朗里村、平雅村、板任村、怀里村、合运村、康里村、板吉村、板峒村	250	21
门户印象型	月里村、同乐村、积善村、板均村、凤平村、太平村、拉英村、长峒村	120	8
旅游主导型	坡心村、良利村、恒里村、大同村、中亭村、松仁村、仁安村、江洲村、平旺村、外里村、更沙村、下牙村、弄者村	250	13
生态文明建设型	板吉村、文里村、柏林村、六马村、久文村、长洲村、洪力村、巴标村、上牙村、猛干村、额里村、那烘村、那乐村、那拉村、长洲村、那王村、龙相村、久隆村、隆梅村、泗务村、板隆村	300	21

8.6.4 社区发展引导

采用阶段式社区公众参与机制，确保公众参与贯穿整个社区建设全过程，充分发挥社区居民的主体作用。

在社区规划阶段，通过发放问卷调查、调查走访、召开村民会议的形式，获取公众的意见，使公众参与到社区的建设中。

在社区建设实施阶段，按照社区的分类建设指引要求，涉及社区建设的小镇或村庄内的居民可以通过成为旅游项目的自主经营者或者成为旅游企业的雇员，从事与旅游相关的服务业，从事农业生产来参与城镇社区的建设。

以项目为抓手，落实责任单位，制订实施计划，以示范性为样板，在政府的帮扶引导下，以企业及农民为建设主体，形成部门推进，广大农民积极参与的全民共建共享的发展局面。全面开展石漠化综合治理，突破凤山县经济发展屏障，建立石漠化治理运行机制，保障凤山绿色发展之梦的实现。

9. 实施保障

9.1 制订行动计划

明确项目建设与基本要求，指导建设工作，制订建设指引方案，落实各类建设项目，将 42 个特色园区、112 个项目整合为“农耕凤山”“畅游凤山”“生态凤山”“凤山快线”“凤山漫步”“凤韵村镇” “数字凤山” “流通凤山”8 大类建设项目，整体推进，并落实项目责任单位。

表 9-1 建设项目一览表

项目名称	项目涵盖的内容	建设方式	主导部门
农耕凤山	农家乐	农民主体	农业局
	观光农业		
	休闲农场	招商引资	
	度假庄园		
	生产示范	政府主导	

续表

<table>
<tr><th>项目名称</th><th>项目涵盖的内容</th><th>建设方式</th><th>主导部门</th></tr>
<tr><td>畅游凤山</td><td>旅游景区景点</td><td>政府+招商</td><td>旅发委</td></tr>
<tr><td>生态凤山</td><td>生态文明建设</td><td rowspan="6">政府主导</td><td>环保局</td></tr>
<tr><td rowspan="3">凤山快线</td><td>旅游交通建设</td><td rowspan="3">交通运输局</td></tr>
<tr><td>交通干线功能补充</td></tr>
<tr><td>游客集散中心</td></tr>
<tr><td rowspan="2">凤山漫步</td><td>慢行系统建设</td><td rowspan="2">交通运输局</td></tr>
<tr><td>自驾车营地</td></tr>
<tr><td rowspan="2">凤韵村镇</td><td>乡村旅游示范村</td><td>农民主体</td><td rowspan="2">旅发委</td></tr>
<tr><td>凤山小镇</td><td>招商引资</td></tr>
<tr><td rowspan="2">数字凤山</td><td>信息系统</td><td rowspan="4">政府主导</td><td rowspan="2">工信局</td></tr>
<tr><td>推广宣传</td></tr>
<tr><td rowspan="2">流通凤山</td><td>物流系统</td><td rowspan="2">招商局</td></tr>
<tr><td>销售系统</td></tr>
<tr><td rowspan="4">重大项目</td><td>三门海寿源观光休闲农业园</td><td rowspan="4">招商引资</td><td rowspan="4">旅发委</td></tr>
<tr><td>东盟水果休闲园</td></tr>
<tr><td>松仁农业休闲园</td></tr>
<tr><td>推广宣传</td></tr>
</table>

9.2 强化体制保障

9.2.1 引导管理保障机制

（1）成立凤山国家生态公园发展委员会

成立凤山国家生态公园发展委员会，由县人民政府主要领导任总指挥，下设生态保护科、农业发展科、旅游开发科，科室负责人分别由林业局、农业局、旅发委主要领导担任，直接对各园区管委会、公司或个体负责，并积极引进院校专家、科研机构进行科技咨询。发展委员会负责制订具体实施方案，做好任务分解、项目安排和资金统筹。

（2）完善园区审批管理体系

县级生态农业园区建设规划由凤山县人民政府组织编制，并组织向上申报。县级以下生态农业园区建设规划由凤山县各主管部门组织编制。

入驻园区的企业类型必须符合本规划对相关农业园的定位。优先引进农产品物流配送企业、生态农业开发类企业。

各园区建设项目与单体设计会审通过后，企业或者投资人必须在各园区管委会指定的银行设立企业基建账户，并将厂房建设资金的30%~50%存入该基建账户，专款专用于基础建设，方可申请交地建设。

（3）落实园区监督考评

建立强有力的推进机制，每月召开一次推进会，实行月通报、季考核，抓时效、抓调度、抓形象进度。坚持定期督查与突击抽查相结合，针对发现的问题，限时督促整改，及时追踪复查。把国家生态农业公园建设纳入绩效考核，对表现突出、成效显著的，给予表彰奖励；对重视不够、推进不力，未完成建设目标的，严格问责问效。建立企业准入制度，对于建设过程的园区开展实施监测评价制度，有奖有罚，以罚促奖，充分调动建设积极性与监督其实施效果。

9.2.2 协同合作保障机制

（1）成立区域旅游发展联盟

以巴马县为核心，联合凤山、东兰、天峨、大化、都安等县共同成立区域旅游发展联盟，研究和探讨区域旅游合作的重大问题、具体策略和措施，打造“巴马—东兰—天鹅—凤山—巴马北部”旅游环线，“巴马—大化—都安—东兰—凤山—巴马南部”旅游环线。通过采取共同宣传、联合异地促销、互相参加展会、联合开发旅游产品等方式，实现合作的目标。编制区域联合旅游规划、以市场为导向建立企业垂直合作机制，实现均衡利益合作框架。

（2）强化区域产业联动发展

将凤山县周边区域内生态农业、旅游业与通过渗透型、重组型、延伸型三种模式与文化创意产业、物流商贸业、产品加工业等相关产业进行融合，确保各区域产业的联动发展，实现生态农业、旅游产业等各产业经济增长方式转型。

（3）强调部门协作、提高效益

由县农业局、林业局、旅发委总牵头，与各部门协作，确保工作扎实到位。县人民政府要抓好各项规划编制，指导各地深化和完善各项具体设计内容，确保规划有内容、设计有章法、实施无偏差。住建、市政、水利、农业等部门要在项目选择、设计施工、考核验收、运营管理等方面加强指导，提高项目实施水平。

9.2.3 扶持政策保障机制

（1）资金扶持政策

政府资金要给予优先保障，各部门要把所掌握的资金、技术、管理向国家生态农业公园建设倾斜，财政部门要加强资金统筹归集。同时，要积极争取上级资金支持，省财政将加大“以奖代补”力度，要多沟通、多争取。积极申请各项银行资金贷款与国家相关政策补助，要做实项目前期，做好融资对接。对社会资金，要再放开一些领域和项目，吸引民营企业参与建设和运营。

同时以国家各项优惠政策为导向，大力申请国家资金补助，落实到各项国家支撑项目上，逐年向国家汇报项目进程以获得更多资金。

（2）信贷扶持政策

充分发挥金融机构的支柱作用，建立农业项目优先贷款和最低利率贷款机制。强化财政贴息和农业担保，积极探索发展小额信贷、农户联保贷款、住房抵押贷款、信用贷款，为园区建设提供充足的资金保障。金融机构要简化园区企业贷款手续，缩短贷款评估和审批时间，对信用好、产品适销、符合园区发展方向、具有一定规模的企业，给予信贷支持。

县人民政府积极向世界银行申报“广西贫困片区农村扶贫试点示范项目”资金，各项资金逐步转化为信贷扶持，投入农村扶贫项目中去，促进生态公园部分项目的发展。

（3）税收优惠政策

参照已有的现代农业园区政策，对各园区企业实行税收优惠政策，包括减税、免税及税收返还等政策。

针对现代生态农业园区，制定新的税收政策，按照农业生产特点和农业企业特点，从支持和补贴农业的角度，给予优惠政策。

对农民专业合作经济组织实行税收优惠政策。对经登记成立的专业合作经济组织，向农户提供产前、产中、产后技术服务和劳务所得的收入，免征所得税。

（4）用地费用优惠政策

各园区的临时用地比照农业设施用地办理，建设用地要给予优先安排指标。对于园内生态农业龙头企业，按照农业用地给予收费优惠。如对土地租赁给予补贴，免收或减半征收新增建设用地有偿使用费；园内由财政拨付事业经费，单位自用土地及用于农、林、牧、渔业的生产用地，免征土地使用税；对无力做到自行补充耕地的，减半征收耕地开垦费；按下限收取征地服务费（征地管理费）等费用。

（5）其他优惠政策

农民专业合作经济组织农产品运输车辆享受绿色通道政策、燃油应优先权，以及农产品航空运输的优惠等。降低各园区高效设施农业补贴准入门槛，提高补贴标准，所有涉农基础设施项目优先向园区倾斜。

9.2.4 法律法规保障机制

（1）落实法律规范

法律规范构成多样化：以国家相关法律规范为基础，落实各产业法、旅游法、招商法等多种法律，保证各项建设开发在有效的法律范围内进行。

法律规范执行有效性：生态农业公园各项建设必须执行其相关法律，如有违背，相关法律部门要强行干预，保障法律规范的有效性。

法律规范的逐步完善：生态农业公园建设中如若遇到现有法律无法解决的问题，要经过相关部门进行协作讨论，逐步完善法律规范机制，保障公园建设顺利进行。

（2）落实多规合一

为了避免凤山国家生态农业公园与其他相关规划相冲突，保证公园的顺利建设，凤山国家生态公园发展委员会要进行“多规合一”的落实与管理。建立统一的基础信息平台，梳理凤山县基础信息，统一标准（数据与技术）入库；梳理凤山县空间管理的职能部门，明确各部门职责，在此基础上，保证各部门的规划建设同步编制、同步实施，动态对接、有效衔接，达到“一张图”管理要求；标准化空间管理，生态公园相关规划必须经过“申请—审核—调整—归档—更新—实施”的标准流程，保障了“多规合一”能顺利落实。

(3）完善相关规划设计

生态公园的建设是一个持续过程，必须依托其他相关规划进行辅助落实，建议后期编制以下相关规划。

总体规划类：凤山县生态农业产业发展总体规划，凤山县生态旅游总体规划，凤山县林业产业发展总体规划，凤山县畜牧渔业产业发展总体规划，森林公园、景区及各园区总体规划等。

专项规划类：凤山县生物多样性保护规划、凤山县蓝线保护规划、凤山县村庄风貌整治规划、凤山县环境整治规划等。

详细规划类：各园区详细规划、城镇用地详细规划、旅游景区详细规划等。

旅游规划类：各新开发旅游景点的旅游策划、总体规划、详细规划等。

建筑、景观设计类：服务建筑、市政建筑、文化建筑及周边景观的设计，旅游景区的景观设计等。

其他类：生态农场、农庄，农家乐等规划设计。

9.2.5 宣传引导保障机制

(1）开展网络宣传

各类媒体网络要开辟专栏专题，广泛宣传开展凤山国家生态农业公园建设的重要意义及进展情况，营造浓厚的舆论氛围。要积极宣传先进典型、先进事迹和成功经验，努力扩大宣传实效。要加强引导，激发全民支持参与公园建设的自觉性和主动性，形成社会公众参与的环境。

(2）打造品牌设计

制订品牌锻造计划，确定品牌打造目标，开展品牌外形设计，并运用广告、公关、媒介、名人、营销人员、品牌质量等多种要素结合目标市场进行综合推广传播，树立品牌形象。

9.2.6 风险防范保障机制

（1）建立风险投资机制

针对建设过程面临的各类风险，制定总体防范和降低风险的措施，遵循规划引导、科技引领、技术监管、灾害防治、市场管理等手段及方法，应对风险关系。对于高收益、高风险项目，建立风险投资机制，建立生态农业科技园区风险投资公司，通过政府拨款、项目保险、社会捐赠等筹集园区风险投资基金来降低投资风险。

（2）落实旅游安全保障措施

旅游安全管理机构遵循“统一指导，分级管理，以基层为主”的原则，指导、督促、检查本地区旅游企、事业单位贯彻执行本办法及国家制定的涉及旅游安全的各项法规的情况；建立分级医疗安全保障体系，其中一级为县域级救援系统，二级以景区、酒店、大型娱乐场、大型购物场所等旅游实体为单位灵活布置，具备简单的应急医疗处理能力。

（3）建立实施监测机制

为有效控制引导建设，建立实施监测机制，对实施效果进行监测。根据实用性、系统性和可操作性的原则，从各园区建设及发展的需要出发，建立评价体系，评价体系赋值根据模糊数学方法确定，聘请农业高新技术、管理等相关领域的专家组成专家小组对机制与管理评价指标、产业发展、科技能力评价指标、生态与基础建设评价指标及总体效果评价 5 个方面的 19 项指标情况进行等级投票（优、良、中、差）做出分析评价，将投票的结果用百分数表示，再进行赋值计算分数，分数低的必须经过不断改进达到优良程度。

表 9-2 实施监测评价指标体系

评价指标编号	评价指标	单项最高分数	评价分数
		合计 100 分	
A1	机制与管理评价指标	20 分（20%）	
B1	发展模式	4	
B2	相关政策	4	
B3	组织保证	6	
B4	管理制度	6	
A2	产业发展	17 分（17%）	
B1	区域代表性	4	
B2	区域优势度	4	
B3	主导产业明显	5	
B4	旅游开发	4	
A3	科技能力评价体系	18 分（18%）	
B1	技术引进能力	4	
B2	自主科技创新能力	4	
B3	人才引进和培养能力	5	
B4	各类科技项目投资与执行情况	5	
A4	生态与基础设施建设评价指标	20 分（20%）	
B1	生态环境	6	

续表

评价指标编号	评价指标	单项最高分数	评价分数
B2	基础设施	8	
B3	服务体系	6	
A5	总体效果评价指标	25（25%）	
B1	规划与实施方案完成	5	
B2	龙头企业	5	
B3	经济效益	5	
B4	社会效益	5	
B5	生态效益	5	
合计		—	—

9.3 实施效果

（1）强化组织领导，成立工作小组

2014 年，凤山县人民政府成立凤山国家生态农业公园创建工作领导小组，推进公园的创建及各项运营工作，制订公园的实施方案。

（2）重视宣传推广，媒体节庆全营销

《河池日报》、人民网等媒体多次深入推广及宣传，政府策划凤山核桃节，营造全民全县建设农业公园的氛围。

（3）积极争取，落实建设资金

凤山县人民政府成功将条件成熟的项目入库“世界银行贷款广西贫困片区农村扶贫试点示范项目”及广西壮族自治区旅游扶贫项目，积极为项目建设争取扶贫资金。

表 9-3 世界银行贷款广西贫困片区农村扶贫试点示范项目区域表

市	县（市）	项目乡镇
百色市	田东县	平马镇、祥周镇、林逢镇、思林镇、作登乡、江城镇、朔良镇
	平果县	马头镇、新安镇、果化镇、太平镇、坡造镇、四塘镇、旧城镇、海城乡、凤梧乡、榜圩镇、黎明乡、同老乡
	乐业县	同乐镇、新化镇、花坪镇、幼平乡、甘田镇、逻沙镇、雅长镇
	田林县	利周乡、潞城乡、六隆镇、高龙乡、者苗乡、旧州镇
河池市	大化县	大化镇、岩滩镇、乙圩乡、北景乡、六也乡
	巴马县	西山乡、东山乡、燕洞乡、所略乡、甲篆乡、凤凰乡、巴马镇
	东兰县	东兰镇、隘洞镇、武篆镇、三弄乡、长江乡、金谷乡
	凤山县	风城镇、长洲乡、砦牙乡、乔音乡、袍里乡、平乐瑶族乡、江洲瑶族乡
	都安县	东庙乡、保安乡、高岭镇、永安乡、板岭乡、三只羊乡、龙湾乡、菁盛乡、拉烈乡、九渡乡
	宜州市	福龙乡、祥贝乡、安马乡、刘三姐乡、北牙乡、龙头乡、三岔镇、北山乡、屏南乡

表 9-4 世界银行贷款凤山各项目的投资进度安排表

单位：万元

项目	合计	年度安排				
		第 1 年	第 2 年	第 3 年	第 4 年	第 5 年
合计	11 037	2207	2759	2759	2208	1104
特色产业扶贫项目	6070	1214	1517	1517	1215	608
农村基础设施与环境改善项目	3467	693	867	867	693	346
产业服务与金融支持项目	1000	200	250	250	200	100
项目管理与监测项目	500	100	125	125	100	50
分年投资比例		20%	25%	25%	20%	10%

推进《凤山鸳鸯泉景区概念性详细规划》《凤山县三门海旅游集散中心概念性详细规划》等规划编制，推进凤山县现代特色农业（核心）示范区、666.7 公顷现代特色农业示范区、100 公顷彩色稻种植、寿源民俗文化村寨中 4 个农家乐及 1 个生态小镇的示范建设。

图 9-1“凤山鸳鸯泉景区概念性详细规划”效果图

图 9-2“凤山县三门海旅游集散中心概念性详细规划”效果图

图 9-3 现代特色农林（核心）示范区创建工作专题讲座

图 9-4 三门海镇艺术稻田

图 9-5 同乐乡高山彩色水稻

（5）开展示范培训，产业化生产

组织开展核桃种植培训，种植核桃 233.3 平方千米、杉木 286.7 平方千米、油茶 200 平方千米、八角 146.7 平方千米、中草药 13.3 平方千米，推进石漠化片区的引水工程，成立农民养殖专业合作社 16 个，建立 19 个林下养殖示范点，成功探索出一条岩溶山区石漠化治理和现代特色产业开发扶贫相结合的科学可持续发展新模式。

图 9-6 特色核桃林

图 9-7 农业专家在弄者村进行核桃高产种植培训

图 9-8 凤城镇林兰村水柜建设

（6）自建优质品牌，开拓农业市场

农产品品牌打造初见成效，火麻生态茶、高品质核桃油、有机茶油及百乐粳高品质养生水稻等品牌产品陆续上市，获得高销量和好口碑。

图 9-9 特色火麻产品

图 9-10 特色核桃产品

图 9-11 特色粳米产品

结 语

我国岩溶地区石漠化综合治理走过了 10 年的历程，各地进行了积极有益的探索，形成了数种治理模式。新的治理模式指明了石漠化治理要以绿色发展为基本理念，开拓思路、创新方法，不断寻求石漠化地区经济社会发展与生态建设良性互动的新路子。

2016 年，凤山县人民政府委托华蓝设计（集团）有限公司编制《凤山县国家生态农业公园总体规划》，在总体规划的研究成果基础上，形成了《石漠化地区绿色发展之路：凤山县国家生态农业公园规划实践》一书。本书共分上、中、下三篇，上篇通过对滇黔桂地区石漠化综合治理 10 年来的回顾与思考，多角度总结了石漠化治理的历程、经验和模式，综合治理过程中存在的问题和遇到的难题，引发对石漠化综合治理的新思考；中篇从石漠化综合治理的策略和方向展开研究，提出新的发展理念下石漠化综合治理的创新发展思路；下篇以凤山县国家生态农业公园实践为证，论述通过建设国家生态农业公园，构建石漠化综合治理、农业可持续生产、旅游良性开发的良好局面，实现到 2020 年完成石漠化综合治理的目标，带动凤山县社会经济发展，同步建成小康社会，打造凤山“幸福安康的家园，绿色崛起的明天”。

石漠化综合治理是一项长期、复杂、艰巨的任务，凤山国家生态农业公园模式是在绿色发展理念进行的一次有益探索，具有较强的实证研究价值和实践意义，对于探索西南岩溶地区的石漠化综合治理、生态文明建设以及社会经济发展，具有一定的借鉴意义。未来，凤山县党委、人民政府将在时间检验中不断摸索前进，在石漠化地区打造美丽中国。

致 谢

本书得以顺利出版，仅靠作者们的力量是远远不够的，这是集体劳动的产物，在此对所有参与、支持本书工作的同仁表示衷心的感谢。

感谢凤山县委、县人民政府、各部门及各乡镇有关领导。凤山县的决策者和参与者们带着强烈的责任感及使命感，为凤山县“石山变青山，青山变金山”出谋划策，本书是凤山县各级领导和部门工作者的智慧结晶。

感谢“中国农业政策环境研究对石漠化片区三农发展的利弊分析”“中国西南山区生态农业新型现代化发展模式研究”“凤山县域农业资源及开发利用研究”“凤山县域农村经济及社会发展研究”等课题研究小组，为本书的编制提供了重要的技术支撑。

感谢广西文化和旅游厅、广西住房和城乡建设厅、广西农业农村厅的有关领导，广西林科院、广西农科院、广西大学的有关专家对研究成果提出的有益意见，让本书得以完善。

感谢华蓝设计（集团）有限公司主要领导和专家的支持和帮助，让我们在规划研究的过程中受益匪浅。

感谢《规划师》杂志社及广西师范大学出版社的编辑，对书稿进行了认真审校，在此表示感谢。

编者

2019 年 5 月于南宁